BRAM STOKER'S

FILM- und FERNSEH-BÜCHER aus dem
BASTEI-LÜBBE-Taschenbuchprogramm:

13 001 Feuerkind
13 006 Ghostbusters
13 008 Shining
13 035 Cujo
13 039 Zurück in die Zukunft
13 043 Trucks
13 084 Top Gun
13 087 Ferris macht blau
13 088 Katzenauge
13 121 Carrie
13 144 Robocop
13 189 Presidio
13 194 Angeklagt
13 219 Stirb langsam
13 242 Ghostbusters II
13 244 Karate Kid III
13 246 Abyss
13 248 Zurück in die Zukunft II
13 280 Moon 44
13 282 Music Box
13 283 Pink Cadillac
13 284 Shocker
13 285 Die totale Erinnerung —
        Total Recall
13 304 Darkman
13 305 Geister-Daddy
13 307 Navy Seals
13 308 Und wieder 48 Stunden
13 309 Zurück in die Zukunft III
13 310 Robocop II
13 311 Dick Tracy
13 312 Flatliners
13 313 Turtles
13 314 Eine gefährliche Affäre
13 346 Geschichten aus der
        Schattenwelt
13 347 Zurück in die
        Vergangenheit

13 348 Der mit dem Wolf tanzt
13 349 Auf die harte Tour
13 378 Backdraft — Männer,
        die durchs Feuer gehen
13 380 Stone Cold —
        Kalt wie Stein
13 381 Wie verrückt und aus
        vollem Herzen
13 382 Terminator 2
        Tag der Abrechnung
13 383 Im Auge des Sturms
13 412 Wer erschoß
        John F. Kennedy
13 414 Der innere Kreis
13 415 Lebensgeister GmbH —
        Freejack
13 416 Ein Kartenhaus
13 444 Basic Instinct
13 446 Universal Soldier
13 447 Sweetheart
13 448 City of Joy
13 449 Dracula — Der erste und
        beste Dracularoman
        der Weltliteratur
13 450 Der Bergdoktor
13 451 Die Stars von
        Beverly Hills, 90210
13 452 Columbo
13 485 Der letzte Mohikaner
13 486 Erbarmungslos
13 487 Bram Stoker's Dracula —
        Der Film und die Legende
13 489 Malcom X —
        Der Film und die Legende
13 490 Ihr größter Coup
13 491 Haffa

BRAM STOKER'S

Regie
Francis Ford Coppala
Drehbuch
James V. Hart

Nachwort
von Leonard Wolf
Filmfotos
von Ralph Nelson
Bearbeitet
von Diana Landau

Francis Ford Coppola
James V. Hart

BRAM STOKER'S

Der Film und die Legende

Ins Deutsche übertragen
von Barbara Först
(Drehbuch)
und Barbara Heidkamp,
Katharina Woicke und
Stefan Bauer

BASTEI-LÜBBE-TASCHENBUCH
Band 13 487

Erste Auflage:
März 1993

Design, compilation, and original text
copyright © 1992 Newmarket Press.
Screenplay for Bram Stoker's
Dracula by James V. Hart
© Columbia Pictures Industries, Inc.
Afterword copyright © Leonard Wolf
Photographs by Ralph Nelson and Steve
Schapiro copyright © 1992 Columbia
Pictures Industries, Inc.
Photographs by Fabian Cevallos
copyright © 1992 Columbia Pictures
Industries, Inc.
Storyboard art, production drawings,
and photographs of costume drawings
and props © 1992 Columbias Pictures
Industrie, Inc.
All rights reserved
Photograph by David Seidner copyright
© David Seidner
Bram Stoker's Dracula is a trademark of
Columbia Pictures Industrie, Inc.
Features about the cast, crew, and film-
making process are based in part on pro-
duction note by Katherine Orloff and
transcripts of interviews by Jeff Werner,
Davia Nelson and Susan Dworkin
Deutsche Lizenzausgabe 1993 by Bastei
Verlag Gustav H. Lübbe GmbH & Co.,
Bergisch Gladbach
Originaltitel: Bram Stoker's Dracula
Lektorat: Dr. Edgar Bracht
Umschlaggestaltung:
Quadro Grafik, Bensberg
Satz: KCS GmbH,
Buchholz/Hamburg
Druck und Verarbeitung:
Clerc, St. Amand-Montrond
Printed in France

ISBN 3-404-13487-7

Der Preis dieses Bandes
versteht sich einschließlich der
gesetzlichen Mehrwertsteuer.

INHALT

Die Seele des Vampirs
Seite 8

Das Drehbuch, das nicht sterben wollte
Seite 21

DER FILM
Prolog
Der Wolf der Christenheit
Seite 34

Erster Akt
Ein Sturm aus dem Osten
Seite 64

Zweiter Akt
Das Blut ist das Leben
Seite 204

Dritter Akt
Sie ist ein ›Vampir‹
Seite 319

Vierter Akt
Nie stirbt die Liebe
Seite 399

Nachwort
Dracula: Der König der Vampire
Seite 456

EINFÜHRUNG
Die Seele des Vampirs

von Francis Ford Coppola

*Mein größtes Problem:
Man kann's nicht einfach noch mal machen*

Ich glaube, der erste Dracula-Film, den ich je gesehen habe, war *House of Dracula* mit John Carradine. Ich bewunderte Carradine, sein hageres Gesicht, die Art, wie er seinen Umhang zu heben pflegte und sich in eine Fledermaus verwandelte — er ist mein Prototyp des Dracula. Doch wenn ich zurückblicke, war, obschon ich ein Fan von all jenen frühen Horrorfilmen war, *Bride of Frankenstein (Frankensteins Braut)* für mich der großartigste. *Dracula* gefiel mir nicht ganz so gut, aber besser als *The Mummy (Die Mumie)*. Murnaus *Nosferatu* von 1922 ist wahrscheinlich der bedeutendste Film, der nach der Dracula-Geschichte gedreht wurde.

Francis Ford Coppola

Er war eigentlich eine unautorisierte Version, und Stokers Witwe verklagte die Filmemacher. Es ist ein sehr eindrucksvoller Film, ein Meisterwerk, das den unbekannten Teil der menschlichen Seele erforschte, der von Vampiren besessen ist. Aber es ist eine sehr freie Version der Geschichte; der Schauplatz wurde nach Bremen verlegt, und es gibt viele Handlungselemente, die anders sind als im Roman. In *Nosferatu* bringt Dracula die Pest nach Bremen mit, wovon im Buch überhaupt nichts steht — obschon Stoker die Blutkrankheit, mit der Dracula seine Opfer infiziert, mit einer Seuche vergleicht.

Als ich etwas älter war, vielleicht vierzehn, sah ich die Version mit Bela Lugosi von 1931. Ich liebte Lugosi und besonders den Teil, wo Harker zuerst zum Schloß fährt und Dracula begegnet. Jene Szenen sind der großartigste Teil der Geschichte, im Buch wie auch in jedem der Filme. Doch ich erinnere mich auch, daß ich enttäuscht war von den drei Frauen — sie standen einfach da in ihren Gewändern und sahen wie tot aus; so etwas will ein vierzehnjähriger Junge nicht sehen.

Dagegen bewunderte ich immer Lon Chaney als den ›Wolfsmenschen‹, weil er sich hinterher schlecht fühlte und sehr nobel wirkte.

Plakat von Albin Grau
für F. W. Murnau's NOSFERATU

Ich hatte das Buch gelesen, als ich noch ziemlich jung war, und war begeistert davon gewesen. Als ich später Theaterberater in einem Ferienlager im Norden des Bundesstaates New York war, pflegte ich abends den acht- und neunjährigen Jungen laut vorzulesen, und in einem Sommer lasen wir *Dracula*. Und als wir zu jener gruseligen Szene kamen — wo Harker aus dem Fenster blickt und sieht, wie Dracula wie ein Insekt über die Mauer kriecht —, da spürten sogar diese kleinen Jungs, das würde gut werden! Und wissen Sie, das ist die beste Stelle im Buch.

Es gefiel mir, daß der Graf Harker in jenen ersten Szenen Geschichten über alte Kriege und dergleichen erzählte. Ich erinnere mich, daß ich als Kind zur *Encyclopaedia Britannica* griff, um das Stichwort Dracula nachzuschlagen — und da war er, Vlad der Pfähler. Ich las über diesen grausamen Mann, wie er buchstäblich die Türken aufhielt, indem er seine eigenen Leute auf Pfählen aufspießte, und der Gedanke, daß er tatsächlich gelebt hatte, erregte mich.

Ich möchte, daß unser Film Dracula gerecht wird, was seinen Platz in der Geschichte betrifft — er galt als ein extrem moderner Renaissance-Fürst und als äußerst intelligent. Er war eine außergewöhnliche Figur. Also benutzen wir dies als Grundlage für unsere Fantasie, so wie Bram Stoker es tat.

Als ich J. V. Harts Drehbuch las, fand ich, daß es eine brillante Idee von ihm gewesen war, jene Geschichte des Fürsten Vlad als Rahmen für die ganze Story zu benutzen.

* Die kursiv gedruckten Passagen stammen aus Francis Coppolas Produktionstagebuch für *Bram Stokers Dracula*

Es hielt sich enger an Stokers Roman als alle seine Vorgänger. Außerdem gewann ich sofort den Eindruck, daß James Hart ›Dracula‹ als eine Geschichte der Leidenschaft und Erotik geschrieben hatte — die Bräute standen nicht einfach herum; sie vergewaltigten Harper tatsächlich, und das erfüllte mein Kinderherz mit Begeisterung.

Bisher hatte noch nie jemand dieses Buch verfilmt. Wenn ich mir all die anderen Dracula-Filme ansehe, bin ich erstaunt, wie sehr sie von dem Originaltext und seinen Implikationen abweichen, welches Chaos sie mit den Figuren und ihren Beziehungen anrichteten. In unserem Film gleichen die Figuren in ihrer Persönlichkeit und Funktion denen Stokers, und wir haben auch viele Chraktere übernommen, die oft ausgelassen werden. Und dann der ganze letzte Teil des Buches — als Van Helsing Draculas Schwächen aufdeckt und die Vampirjäger ihn bis zu seinem Schloß in Transsilvanien zurückverfolgen und das Ganze in einer gewaltigen Schießerei à la John Ford kulminiert — das hat noch nie jemand gezeigt.

Abgesehen von einer neuen Szene, die sich aber aus der Geschichte selbst entwickelt — der Love Story zwischen Mina und dem Fürsten — hielten wir uns peinlich genau an die Romanvorlage.

Der Film wird sich wie der Roman erzählen: mit all den Tagebüchern und Briefen, die zu etwas Schrecklichem hinführen.

Stoker verfaßte seinen Roman auf eine damals, im 19. Jahrhundert, sehr neue Weise: als ob es eine Sammlung von Notizen, Briefen und Tagebucheintragungen wäre, die er zusammengesetzt hatte. Wenn man das Buch liest, ist es daher, als ob er sagt: Seht her, wir haben diese Fragmente: urteilt selbst, ob sie wahr sein könnten.

COPPOLA ALS REGISSEUR: IDEE UND WIRKLICHKEIT

Als Francis Coppola zustimmte, bei *Bram Stoker's Dracula* Regie zu führen, hatte Drehbuchautor James Hart seinen Retter gefunden. »Francis ist ein Schriftsteller. Er ist von Literatur erfüllt. Er ist Historiker, Erfinder, ein Mann, der einen Fuß im 19. Jahrhundert und den anderen im 20. hat. Er versteht auch schwierige Strukturen — wie schwierig es ist, es fertigzubringen, daß jene Szenen auf dem Papier funktionieren und daß sie sich nicht beim erstenmal einfach enthüllen.«

Hart gestand dem Regisseur bei ihrem ersten Treffen, daß er beim Schreiben des Drehbuchs viele von Coppolas Techniken geborgt habe. »Ich lernte so viel, als ich mir seine Filme ansah — über Schnittechniken, Parallelhandlungen und Aus- und Einblendungen. Auch über die Bedeutung der Sprache, etwa bei über die Szene gesprochenen (=Off-Kommentaren), und über die stilisierte Gewaltszenen, die nie

Coppola gibt Regieanweisungen an Gary Oldman

unbegründet sein dürfen, aber eine enorme Wirkung entfalten. Coppola hat diese Elemente auch in *Dracula* ausgiebig benutzt.«

Mit *Dracula* kehrt Coppola zum Horrorgenre zurück, mit dem er in der Spielfilmwelt debütierte: 1963 schrieb und drehte er *Dementia 13.* Sein jüngster Film war *Godfather III (Der Pate — Teil III).* Die letzte Episode der mit vielen Auszeichnungen bedachten dreiteiligen Chronik der Corleone-Familie. Zu Coppolas Filmen gehören die *Life Without Zoe*-Episode in den *New York Stories, Tucker: The Man and His Dream, Gardens of Stone, Peggy Sue Got Married, Cotton Club, Rumblefish, The Outsiders, One From The Heart, Apocalypse Now* und *The Conversation.*

Es gebe zwei Seiten an ihm, sagt Coppola: »Der Mann, der die Schauspieler liebt, und der Mann, der es liebt, wenn der Überblendregler rotes Licht aufleuchten läßt.« Er hat den Ruf, ein intuitiver Regisseur mit Schauspielern zu sein, die seine Methode schätzen. »Für mich ist er ein Genie«, sagt Anthony Hopkins. »Er schafft eine großartige Arbeitsatmosphäre, in der ungeheure Kräfte freigesetzt werden. Obwohl alle Aufnahmen festgelegt sind, improvisiert Coppola doch und redet dich durch die Szenen. Dabei scheint er Sachen aus dem Nichts hervorzuzaubern.« Gary Oldman fügt hinzu: »Es hat mir ungeheuren Spaß gemacht, mit Francis zu arbeiten. Jemand hat mal gesagt, daß es so ist, als wüßte Francis, was die Charaktere denken, und das stimmt auch.«

Coppola bemerkt: »Ich war Theaterberater bei Kindern, und ich nehme die Schauspieler immer noch gern mit aufs Land, um neue Wege der Zusammenarbeit zu finden — Theater zu spielen, zu improvisieren, das Buch laut zu lesen, Szenen zu inszenieren und über Charaktere zu diskutieren — ich versuche immer, jeden Drehtag interessant zu gestalten. Doch im Grunde versucht man bei all den Vorbereitungen, die man trifft, und der ganzen Liebe, Unterstützung und Anleitung eigentlich, einen Blitz in einer Flasche einzufangen. Du sagst: ›Okay, geh und spring von der Klippe‹, und du hoffst, daß der Schauspieler es macht. Damit dir das gelingt, mußt du Schauspielern, glaube ich, erlauben und sie dazu ermutigen, zu improvisieren – daß sie den Text und die Bedeutung kennen, aber dann ihre eigenen Gefühle freisetzen. Und wenn dir das gelingt, ist es ein erregendes Gefühl. Es ist wirklich der Schöpfungsakt.

Aber ich liebe auch die technische Seite – die Überblendungsregler und das rote Licht, so was brauche ich auch. Ich war auch dieser neunjährige Junge mit einem Fernseher und einem Filmprojektor und einem Tonbandgerät, und ich war besessen von Fernbedienung.«

Auf dem Drahtseil zwischen Kreativität und Kontrolle zu balancieren, brachte seine Probleme mit sich in *Dracula*, da Coppola seine Mitarbeiter antrieb, über ihre üblichen Methoden hinauszugehen. »Du willst, daß die Leute wissen, wie du über eine Geschichte empfindest, und wenn jeder sich durch sein bewährtes Vokabular ausdrückt, dann bekommt das Publikum deine Empfindung nicht.« Daher versuche ich immer, klipp und klar zu sagen, was ich will, so daß die Bürokratie, auf die ich angewiesen bin, meine Ideen nicht redigiert. Ein Filmteam ist wie ein Garten, in dem jede Pflanzen-varietät überproduziert. Die Ausstattungsabteilung versucht, den ganzen Film in Aufbauten zu erzählen. Der Kamera-mann versucht, ihn durch Beleuchtung zu erzählen. Der Masken-bildner versucht, das Ganze mit Make-up und Masken zu machen. Jeder Schauspieler will die ganze Geschichte mit seiner Rolle erzählen. Der Regisseur muß diese ganze brillante Kreativität zusammenfügen und sie zum Funktionieren bringen. Der Regisseur ist der Ort, wo Idee und Wirklichkeit zusammenkommen.«

Der Regisseur mit Kameramann Michael Ballhaus

Für die Szene, wo Harker in Transsilvanien eintrifft, haben wir eine Menge historische Dokumente und Reisehelfer benutzt. Die Ankunft in Transsilvanien wird in traumähnlichen Bildern, Schriftstücken und Dokumentationsschnipseln dargestellt. Schließlich führt uns der Brief von Dracula hinüber auf die andere Seite...

Wir versuchen stilistisch unseren eigenen Eindruck zu schaffen, ein Bild, das wie ein Wandteppich fließt, sich wellenförmig bewegt wie ein Traum.

Nach der Lektüre des Drehbuchs faßte ich zwei bestimmte Vorsätze. Einmal wollte ich, daß der Film eine sehr junge, talentierte, attraktive Besetzung erhielte. Und zweitens, mit dem ersten Punkt verknüpft, wollte ich mit den Kostümen führen, sie sollten das Schmuckstück des Films sein. Anstatt die Produktionsmittel mit kunstvollen Aufbauten zu strapazieren, wollte ich Raum und Schatten phantasievoll benutzen.

Wir haben uns um einen außergewöhnlichen, eindrucksvollen visuellen Stil bemüht, der dem Betrachter sofort signalisiert, daß man sich im Reich der Magie befindet. Wir erforschten die Tradition des frühen Kinos, die Ära, als Zauberer der Welt zuerst das Kino brachten − die Zeit, als Stoker *Dracula* schrieb. Und so haben wir viele jener naiven Effekte benutzt, Tricks, die mit der Kamera oder mit Spiegeln gemacht werden, um dem Film eine fast mythische Dimension zu verleihen.

Ich habe mir immer vorgestellt, daß in Gegenwart eines Vampirs die Gesetze der Physik nicht mehr gelten: Vielleicht drehte sich die Erde nicht mit der gleichen Geschwindigkeit, oder die Dinge trotzten der Schwerkraft. Und ich wußte, daß Vampire Macht über Schatten haben, also führen die Schatten ein eigenes Leben.

Coppolas Anmerkungen im Drehbuch

d. VIEW ON DOOR
Holmwood rushes in in his hat and topcoat. PULL BACK to see
Van Helsing tying off Lucy's arm in her state of undress.

                        HOLMWOOD
            --What the bloody hell?! What
            are you doing to my Lucy!

He grabs at Van Helsing. Seward pulls him back. Van
Helsing looks at Seward, then at Holmwood. He "sees"
everything.

                        SEWARD
            He's trying to save her, Art.
            Professor Van Helsing knows more
            about obscure diseases than any
            man in the world!

e. MED. CLOSE SHOT VAN HELSING

                        VAN HELSING
                        (calm, in charge)
            The young miss is very bad.
f. VIEW ON HOLWOOD
Seward at his side.

*Draculas Schwur an das Böse im Prolog: Dies muß sehr
eindrucksvoll gestaltet werden, damit man versteht, wie
sich der höchste Engel durch einen einfachen Akt der
Abschwörung in den niedrigsten Teufel verwandeln kann.*

Eines unserer Hauptziele war es, dem komplexen Charakter Draculas gerecht zu werden. Er ist als Monster oder
als Verführer dargestellt worden, doch die Kenntnis seiner
Biographie veranlaßte mich, ihn als einen gefallenen Engel
zu sehen, Satan. Die Ironie ist, daß er ein Verfechter der
Kirche war, dieser Held, der im Alleingang die Türken
stoppte, und dann schwor er Gott ab, weil sich seine Frau
das Leben nahm und man ihr eine Beisetzung in geweihter
Erde versagte. Wenn Große fallen, werden sie zu den
mächtigsten Teufeln — Satan war früher einmal der
 höchste Engel.
   Das Verhältnis des Menschen zu Gott ist sakramental;
es wird durch das Symbol des Blutes ausgedrückt. Wenn
Dracula Gott also ablehnt, wird Blut zur Basis für alle
möglichen unheiligen Sakramente in der Geschichte:
Taufe, Ehe, die Messe...
   Mein Vater pflegte ein altes italienisches Sprichwort zu
zitieren: daß man einen Säugling nachts niemals zu einem
alten Menschen ins Zimmer legen sollte, weil ihm der alte
Mensch, ohne es zu wollen, das Leben aussaugen wird...
Dracula verkörpert ein ungewöhnliches Phänomen: die
Idee, daß man sogar als Toter die Lebenskraft — Blut —
anzapfen und auf der anderen Seite des Lebens in dieser
bösen, räuberischen Form auftauchen kann.

*Ich möchte Dracula wie einen dunklen, leidenschaftlichen,
erotischen Traum drehen. Vor allen Dingen ist es eine Lie-
besgeschichte zwischen Dracula und Mina ... Seelen, die
durch ein Universum des Grauens und Pathos greifen.*

Die Gegenkraft zu all dem ist Harker, der Ehemann. Und die Nebenfiguren: Van Helsing, Quincey, Seward und Lucy agieren alle als Liebende und Partner in der Geschichte.

Blut ist auch das Symbol menschlicher Leidenschaft, die Quelle aller Leidenschaft. Ich glaube, dies ist die wichtigste tiefere Bedeutung unserer Geschichte. Wir haben versucht, Gefühle darzustellen, die so stark sind, daß sie die Jahrhunderte überdauern können, so wie Draculas Liebe zu Mina/Elizabeth. Die Idee, daß Liebe den Tod oder Schlimmeres als den Tod, besiegen kann — daß Mina

Draculas Vampirbräute in dem Tod Browning/ Universal Pictures-Film Dracula *von 1931.*

19

dem Vampir tatsächlich seine verlorene Seele zurückgeben kann. Einer der Hauptgründe, warum wir die Rolle mit Gary Oldman besetzten, ist die Tatsache, daß er imstande war, diese Tiefe der Leidenschaft in seiner Darstellung auszudrücken.

Gewöhnlich ist Dracula nur ein reptilhaftes Geschöpf in einem Horrorfilm. Ich möchte, daß die Leute die historischen und literarischen Traditionen hinter der Geschichte verstehen. Sie sollen erkennen, daß unter diesem Vampirmythos eigentlich fundamentale menschliche Dinge liegen, die jeder fühlt und kennt.

Blut ist die primäre Metapher. In *Nosferatu* stellte Murnau einen Zusammenhang zwischen dem kranken Blut des Vampirs und der Pest her; vielleicht sehen die Leute heutzutage, so wie es uns als den Filmemachern erging, den Zusammenhang mit AIDS. Selbst wenn man heute keine sakramentale Beziehung zu Gott fühlt, kann man, glaube ich, verstehen, wie viele Leute ihre Blutbande an die Schöpfung — an den schöpferischen Geist oder was immer es ist — aufkündigen und wie lebende Tote werden. Der Vampir hat seine Seele verloren, und das kann jedem passieren.

Das Drehbuch, das nicht sterben wollte

von James V. Hart

»Warum?« fragte der Produzent, der wünschte, daß er sich nie auf dieses Treffen mit einem ergrauenden Autor in den Vierzigern eingelassen hätte. »Warum wollen Sie ein Remake von *Dracula* machen? Ist er nicht schon x-mal verfilmt worden? Jeder kennt die Geschichte. Zum Teufel, es gibt sogar einen Muppet Graf Dracula, der Kindern das Zählen beibringt!«

Jim Hart in der Kulisse von Draculas Schloß

Meine Antwort war immer dieselbe: weil der wahre *Dracula* nie verfilmt worden ist. Jeder, der Bram Stokers brillanten, erotischen Schauerroman gelesen hat, kann verstehen, daß meine Antwort nicht arrogant gemeint war, sondern ehrfürchtig gegenüber Stokers literarischem Klassiker.

Dracula wurde 1897 veröffentlicht und von den zeitgenössischen Kritikern allgemein verrissen. Stoker, der ziemlich steife, reservierte Leiter von Londons berühmtem Lyceum Theatre, erlangte nie die Anerkennung der Kritiker, die er verdient hätte; »trivial« war ein Wort, das oft benutzt wurde, um seine Talente zu beschreiben. Dennoch ist *Dracula* seit seiner Veröffentlichung nie vergriffen gewesen. Er ist in jeder Bücherei in Amerika und in den Paperbackregalen der meisten Buchhandlungen zu finden.

Ich las den Roman zum erstenmal während eines Fluges von Frankreich nach New York im April 1977. Eine Szene fand ich so ungeheuer erotisch und diabolisch böse, daß ich meine Gänseleberpastete umkippte. Als ich, wieder daheim in New York, an jenem Abend weiterlas, regte es mich derart auf, daß ich das Buch in den Schrank warf und die Tür zuschlug. Später in jener Nacht, so gegen zwei Uhr morgens, erwachte meine Frau, wie ich mich über sie beugte, den Blick auf die Ader geheftet, die verführerisch an ihrem Hals pulsierte. Ich war süchtig.

»Die Macht des Vampirs liegt darin, daß die Leute nicht glauben, daß er existiert.« So Dr. Abraham Van Helsing, der furchtlose Vampirjäger in Stokers Erzählung von Blut und Lust. Zweifellos hat es genug Filmporträts des Vampirs gegeben, um uns zu überzeugen, daß er existieren muß — doch wenige von ihnen haben seine Macht gezeigt.

Ich machte meine ersten Erfahrungen durch die ghulhaft überzogenen Dracula-Filme aus Englands Hammer-

Studios, mit Christopher Lee in der Rolle des Grafen und Peter Cushing als Van Helsing. In diesem Land produzierten Roger Corman und andere billige Vampirfilme, die hauptsächlich in Autokinos gezeigt wurden, wo die Handlungen auf dem Rücksitz das wichtigste sind. Ich gebe offen zu, daß mein eigener erster Versuch einer Vampir-Leinwandbearbeitung *Pom-pom Girls Meet The Wolfman* betitelt war, worin eine Gruppe üppiger Vampir Cheerleader dem Wolfsmenschen an einem turbulenten Wochende begegnen.

Frank Langella in dem Broadway-Revival der Balderstone-Dean-Adaption von DRACULA; Ausstattung und Kostüme von Edward Gorey.

Natürlich gebührt Christopher Lee ein respektabler Platz in der Geschichte des Vampirfilms. Die berüchtigten Hammer-Produktionen der 60er und 70er Jahre erhielten den legendären Grafen zweifellos am Leben.

Schließlich geriet ich an Tod Brownings *Dracula* für Universal Pictures von 1931, es ist der Bela-Lugosi-Klassiker, der viele Kinobesucher in Ohnmacht hatte fallen lassen. Ich sah auch Louis Jordans Dracula-Versuch in der BBC-Miniserie (mit Frank Finlay als Van Helsing). Und ich war beeindruckt von Frank Langellas Interpretation am Broadway, die dem Charakter des Grafen eine sexuelle Energie verlieh, wie man sie noch nie zuvor gesehen hatte.

Als ich in der Aufführung dieses Bühnenstückes saß, flüsterte eine Frau, die vor mir Platz genommen hatte, (ziemlich laut) einen Satz, den ich nie vergessen werde: »Ich würde lieber eine Nacht tot mit Dracula verbringen als den Rest meines Lebens lebendig mit meinem Mann!«

Diese vielsagende Bemerkung überzeugte mich, daß keine der vorangegangenen Dracula-Filme dem irritierenden, sexuell aufgeladenen Roman und seinem tragischen Helden gerecht geworden war. Wenn man *Dracula* richtig verfilmen wollte, brauchte man eine prachtvolle Produktion in einem epischen Stil und eine Interpretation, die dem verführerischen Zauber der Romanfigur auf den Grund ging.

Frauen haben mehr als Männer *Dracula* und andere Vampirgeschichten gelesen und die Anziehungskraft des Vampirs begriffen. Vampire bieten eine köstliche Alternative zur Plackerei des sterblichen Lebens und den Versprechungen der Religion. Sie bieten Unsterblichkeit hier und jetzt — ein Leben nach dem Tod, das man sozusagen zur Bank bringen kann, weil man es direkt vor seinen Augen in Aktion sieht. Man muß nicht das Risiko eingehen, in den Himmel oder in die Hölle zu kommen; man kann ewig leben, hier auf der Erde. Leonard Wolf, dessen

DRACULAS GUEST
war die erste von drei
Geschichtensammlungen,
die posthum veröffentlicht
wurden. Die Titelstory
wurde später für den Film
DRACULAS DAUGHTER
adaptiert.

The Annotated Dracula Pflichtlektüre für Vampirfreunde ist, spricht von diesem den Tod betrügenden Geschäft als »dem unendlich angehaltenen Moment«.

1977 begann ich mit der Hilfe eines texanischen Partners meinen Versuch, *Dracula* zu verfilmen. Als erstes suchte ich Leonard Wolf auf, der damals Leiter der Englischen Abteilung an der San Francisco State University war, um seine Dienste in Anspruch zu nehmen. Nachdem wir uns eine Stunde beim Lunch unterhalten hatten, wußte ich, daß, wenn ich je ein Treffen mit dem Teufel wahrnehmen sollte, ich Wolf dabeihaben wollte, damit er meine Hand

BRAM STOKER
UND SEIN BUCH DES BLUTS

Hätte Bram Stoker den *Dracula* nicht geschrieben, so wäre er heute wohl nur noch eine literarische Fußnote zum Viktorianischen Zeitalter. Obwohl Stoker 16 weitere Bücher schrieb, ragt nur *Dracula* über den Durchschnitt hinaus. Der Roman gilt als Klassiker – und als ein furchteinflößendes Schauerabenteuer, ein dunkler Spiegel viktorianischer Obsessionen und ein Porträt psychischer Konflikte, welche die Menschheit ewig gequält haben.

Foto von Bram Stoker aus dem Jahre 1906.

Stoker, der 1847 in Dublin geboren wurde, war ein kränkliches Kind, und seine Mutter unterhielt ihn mit irischen Gespenstergeschichten. Später wurde er ein Ausnahmesportler und Student an der Trinity University und ging nach dem Abschluß in den Staatsdienst, doch seine wahre Leidenschaft war das Theater. Eine Zeitlang arbeitete er als Theaterkritiker für die *Dublin Mail*. Er liebte Walt Whitmans Gedichte und trat für feministische Forderungen ein, eine Position, die er später revidierte.

1796 begegnete Stoker dem berühmten Schauspieler Sir Henry Irving, »seinem Vampir aus dem wirklichen Leben«, wie George Stade bemerkt. Irving sollte den Rest seines Lebens beherrschen. Stoker wurde Direktor von Irvings Lyceum Theatre in London, arbeitete fast dreißig Jahre unermüdlich in dieser Stellung — und fand trotzdem noch Zeit, seine Romane zu schreiben und seine juristische

Abschlußprüfung zu absolvieren.

Stoker war ein begeisterter Anhänger des »Gothic horror«, der seit dem frühen 19. Jahrhundert ein beliebtes Genre in England gewesen war, und als er beschloß, einen Vampirroman zu schreiben, hatte er mehrere Vorbilder: *Varney the Vampyre*, ein kommerziell ausgerichteter Fortsetzungsroman, Sheridan Le Fanus anspruchsvollerer Roman *Carmilla* und vor allem John Polidoris *The Vampyre*, der einen faszinierenden Ursprung hat: Während eines verregneten Aufenthalts am Genfer See im Sommer 1816 vertrieb sich eine Gruppe von literarischen Berühmtheiten — Lord Byron, Percy Shelley, dessen spätere Frau Mary und Polidori, der Byrons Leibarzt war, mit Gespenstergeschichten die Zeit. Mary Shelleys Roman wurde der zukunftsweisende *Frankenstein*, und Polidoris *The Vampyre* sorgte bei seiner Veröffentlichung für eine kleine Sensation, hauptsächlich weil sein teuflischer Protagonist Byron ähnelte.

Stoker macht geschickt Gebrauch von diesen Vorbildern und von der Vampirfolklore, doch seine wirkliche Innovation in *Dracula* war seine Entdeckung des blutrünstigen transsilvanischen Fürsten aus dem 15. Jahrhundert, Vlad Tepes, auf dem er seinen Roman historisch aufbaute. Seine andere Neuerung war, die Geschichte in Form von »gleichzeitigen« Briefen und Tagebüchern zu entwickeln. Aber obwohl *Dracula* von Anfang an ein Bucherfolg war, fand er bei den Kritikern seiner Zeit keinen Anklang.

Nach nahezu hundert Jahren im Druck und zahllosen Theater- und Filmadaptionen sieht man *Dracula* heute in einem anderen Licht. In seiner kaum verhohlenen Erotik erkennen wir Stokers qualvolle Reaktion auf seine eigene Libido und die der Frauen. Es schaudert uns immer noch bei seinen lebendigen Schilderungen von schrecklichen und übernatürlichen Ereignissen. Und in seinem unsterblichen Geschöpf Dracula, dem König der Vampire, finden wir »etwas zugleich Monströses und ausgesprochen Menschliches«, das an unsere Todesängste und den Reiz der Unsterblichkeit rührt; die Verlockung von Macht und Kontrolle; das Bemühen, die Grenzen der Sexualität zu definieren; der Kampf zwischen den Mächten von Tag und Nacht, Licht und Dunkel, Rationalität und blindem Impuls, Fantasie und Realität.

Original-Manuskript von Stokers Titelseite, auf der er den Titel THE UN-DEAD benutzt.

Title.   (1 page)

THE UN-DEAD
By
Bram Stoker
author of " Under the
Sunset " The Snake's Pass "
" The Watter's Mou' " The
Shoulder of Shasta "

Copyright 1897 By
Bram Stoker. All Rights Reserved.

hielt. Wolf, der in Transsilvanien geboren wurde, hat Dracula und Vampire überhaupt eingehend studiert, und seine Einblicke über ihre psychologische Anziehung sind scharfsinnig. Wir schworen uns Treue und plagten uns gehörig, brachten aber nie das richtige Drehbuch zustande, um Dracula zu realisieren. Doch Leonard öffnete ein Fenster für mich, das sich nie mehr schließen würde.

Alle zwei oder drei Jahre, wenn meine Karriere stotterte und Agenten mich fragten, was für einen Film ich gern machen würde, antwortete ich jedesmal: »*Dracula*«, und Särge knallten vor meiner Nase zu. 1990 lasen dann endlich die Produzenten Robert O'Connor und Michael Apted meinen Entwurf und sagten: »Kommen wir ins Geschäft.«

Mit ihrer Unterstützung und der Überzeugung der leitenden Kabel-TV-Angestellten Karen Moore hatte ich das Glück, gut genug bezahlt zu werden, um das Drehbuch zu schreiben, das in mir gebrannt hatte seit dem Tag, als ich Stoker gelesen hatte. Und inzwischen hatte ich genug Erfahrung als Drehbuchautor, um es zu Papier zu bringen.

Während ich schrieb, konnte ich es nicht vermeiden, darüber nachzudenken, wer die Geschichte als Regisseur auf die Leinwand bringen könnte. Weil ich den Roman immer als eine ausladende epische Geschichte gesehen hatte, fiel meine erste Wahl auf Davin Lean. Mehr als ein Filmmensch lachte, als ich diesen Traum laut erwähnte, aber es war mir ernst. *Dracula* handelt nicht von einem Burschen im Frack. Es ist eine Geschichte mit reichen literarischen und historischen Dimensionen (siehe die Anmerkung über den historischen Dracula im Prolog), und sie brauchte die Art von Regisseur, der sie realisieren konnte.

Im November 1990 erhielt ich einen Anruf von meinem Agenten, der mich informierte, daß Francis Ford Coppola bereit sei, bei meinem *Dracula*-Drehbuch Regie zu führen. Vom Kabel-TV-Film zu »Francis Ford Coppola Presents«? Selbst während ich diese Zeilen schreibe, kann ich es noch kaum glauben. Ich dankte Leonard Wolf im stillen, daß er das Fenster geöffnet hatte und David Lean im Geiste, daß er mich zu dem perfekten Regisseur geführt hatte — der Meisterfilmemacher meiner eigenen Generation.

Wie kam dieser legendäre Regisseur nun zu einem solchen Genre? Schuld daran war die neunzehnjährige Winona Ryder, die mein Drehbuch gelesen hatte und meine Fürsprecherin wurde. Miss Ryder bat Francis um seine Stellungnahme zu dem Drehbuch, da sie an der Rolle der Mina interessiert war und seine Meinung schätzte. Zum Glück für diesen Drehbuchautor — und für die Kinobesucher — war Coppola der Ansicht, daß Winona unbedingt Jonathan Harkers Braut und das Objekt Draculas langverlorener Liebe spielen sollte. Und, übrigens, ob er bei dem Film Regie führen könne?

Francis und ich trafen uns im März 1991, um mit Hilfe seines Recherchenassistenten Anahid Nazarian, unserem geschätzten Partner bei der Prüfung und Analysierung des Drehbuchs, mit der Arbeit zu beginnen. Bei unserer ersten Begegnung wurde mir klar, wieviel ich von dem Mann, der vor mir saß, über Filmerzähltechniken gelernt hatte. Ohne es zu wissen, hatte er dieses Drehbuch beeinflußt — seine berühmte Taufe/Massaker-Montage in *Der Pate I*, zum Beispiel — und das gestand ich ihm.

Der Rest ist Geschichte, wie man so schön sagt. Francis stellte eine außergewöhnliche Besetzung und Mannschaft zusammen, um unsere gemeinsame Vision zu realisieren. Eiko Ishiokas einmalige Kostüme sind praktisch eine Ausstattung in sich selbst. Michael Ballhaus' Filmtechnik erinnert an die Meister der klassischen Schwarzweißfilme — aber in fesselnder Farbe. Tom Sanders Produktionsentwürfe und Garrett Lewis' Ausstattung vervollkommnen Coppolas lebendige Bilder.

Greg Cannoms Special-Make-up-Effekte verlassen sich nicht auf Computer und Gestaltung, dennoch wecken sie eine Fülle von Urängsten in uns. Roman Coppola, Michael Lantieri und das Team für Spezialeffekte vermieden ebenfalls komplizierte Computertechnologie und drehte diesen Film auf die altmodische Weise, in der Tradition von Griffith, Murnau, Dreyer, Welles und den anderen frühen großen Filmemachern. Es ist kein Platz, um näher auf die wundervollen schauspielerischen Leistungen einzugehen — aber warten Sie, bis Sie Gary Oldmans Darstellung des Kriegerfürsten Dracula sehen!

Das Ergebnis all ihrer Anstrengungen ist eine Filmproduktion von *Dracula*, wie wir sie noch nie gesehen haben. Mit Coppola als Regisseur ist es ein üppiges Epos im David-O.-Selznick-Stil, aber mit einer zeitgenössischen sexuellen Basis und stilisiertem Blutvergießen. Wie alle großen Werke Coppolas zeigt auch dieses Spuren der großen Oper.

Ein verfilmtes Drehbuch ist eine Zusammenarbeit, und das hier auf bemerkenswerte Weise, wie ich hoffentlich klargemacht habe. Dieses Buch enthält das Drehbuch, das von der Filmindustrie totgesagt wurde, bevor es überhaupt geschrieben wurde ... das Drehbuch, für das sich Winona Ryder zum Entsetzen ihrer Agenten und Karriereformer einsetzte und für das sie dann Francis begeisterte ... das Drehbuch, das Leonard Wolf und ich in all den Jahren nicht austüfteln konnten, aber nie aufgaben. Daß es jetzt in dieser Form erscheinen kann, ist ihnen allen und vielen anderen zu verdanken — und der fortdauernden Lebenskraft von Bram Stokers Geschichte und ihrem Star. Einen guten Vampir kriegt man einfach nicht klein.

Anmerkung des Herausgebers

Dieses Buch enthält den kompletten Drehplan von James V. Hart für *Bram Stoker's Dracula* und wurde so bearbeitet, daß es eng übereinstimmt mit dem letzten Schnitt des Regisseurs.

Francis Ford Coppola führte ein Tagebuch mit seinen Ideen für den Film. Es ist, zusammen mit niedergeschriebenen Diskussionen mit Schlüsselmitgliedern seines Produktionsteams, die Quelle der meisten seiner zitierten Kommentare.

Auszüge aus Bram Stokers Original-*Dracula* sind auf Pergamenthintergrund gedruckt. Alle anderen nicht ausgewiesenen Zitate stammen ebenfalls aus Stokers Roman.

PROLOG

Der Wolf der Christenheit

TRANSSILVANIEN, 1462

Nahaufnahme
Ein großes Kreuz. Man hört Kriegslärm; der Himmel ist
durch Feuerschein erhellt. Professor Van Helsing verliest
das folgende als Erzähler:
Man schrieb das Jahr 1462. Konstantinopel war
gefallen. Die moslemischen Türken überfielen Europa
mit überlegener Kampfkraft. Sie griffen Rumänien an
und bedrohten die ganze Christenheit.

Das Kreuz löst sich auf, an seiner Stelle wird ein Halb-
mond aufgerichtet. *Die Kamera fährt auf eine Landkarte
von Transsilvanien.* Van Helsing fährt fort:
In Transsilvanien erhob sich ein rumänischer Ritter
vom Heiligen Orden des Drachens − Vlad, der
Pfähler, auch Draculea genannt.

*Einblendung − eine Faust, die einen Schwertgriff
umklammert*

Hinter dem Schwert erscheint eine Flagge mit dem
Zeichen der Kreuzfahrer. Die Stimme fährt fort:
Ein militärisches Genie, doch in ganz Europa berüch-
tigt für seinen Blutdurst. In einem verwegenen Über-
raschungsangriff führte er siebentausend seiner Lands-
leute gegen dreißigtausend Türken − ein letzter
heldenhafter Versuch, sein Vaterland und die Heilige
Kirche zu retten.

Schwenk über Draculas Helmzier hinweg auf das Schlacht-
feld − Kreuze gegen Halbmonde. Kampflärm ist zu hören:
herandonnernde Pferde, Waffengeklirr, Schreie der Kämp-
fenden . . . der Sterbenden . . :

[Schlachtfeld in Transsilvanien − Silhouette]

In einer Profilaufnahme sieht man, wie ein Kriegsheld von
einem Priester gesegnet wird. Er setzt seinen Helm auf,
der wie der Kopf eines großen Wolfes geformt ist. Prinz
Dracula.

Totale
Dracula greift einen Türken an. Er durchbohrt ihn. Die
Kamera fährt auf Draculas Gesicht, und er hebt den
hölzernen Spieß mit dem Türken in die Luft. Schwenk
über eine Reihe aufgespießter Türken; Nahaufnahme von
einem, der langsam an seinem Pfahl zu Boden gleitet.
Die Stimme fährt fort:
Fünfzehntausend Türken wurden abgeschlachtet. Prinz
Dracula befahl, alle Verwundeten und Gefangenen zu
pfählen − als Warnung an alle Feinde des heiligen
Kreuzes. Die türkische Armee floh voller Schrecken
vor dem furchtbaren Anblick.

Auf die Türken
In wilder Flucht; Halbmonde und Banner verschwinden
beim Rückzug hinter dem Horizont.

Aufsicht/total
Dracula, von seinen Männern umgeben. Sie werden sich
ihres Sieges bewußt. Die Kamera fährt langsam auf sein
Gesicht *(Nah)*, das erleuchtet wird, während er auf die
Knie fällt und den Wolfshelm abnimmt. Er küßt sein
Kruzifix.

Dracula *(rumänisch)*
Gepriesen sei der Herr − der Sieg ist mein.

Qualvolle Schreie ertönen. Er starrt auf das frische Blut an
seiner Hand, als ob er es zum ersten Mal sähe. Der Schrei

37

einer Frau im Off. Er erbleicht. Eine schreckliche Vorahnung erfaßt ihn. Die dunkle, schwarze Rauchwolke zieht über ihn, wirft einen tiefen Schatten.

Man sieht undeutlich das Gesicht einer Frau — tiefer und tiefer fallend. Das Bild löst sich auf...

DRACULA
(verzweifelt, voller Furcht)
    Elisabeta...!

[Landschaft — Nacht]

Peter Ramseys Skizze für die Eröffnungsszene des Filmes, in der Fürst Vlad einen türksichen Soldaten durchbohrt.

Aufzeichnungen von Francis Coppola zur Planung der Schlachtszene, nachdem er Kurosawas *Kagemusha* gesehen hatte:

»Von rechts nach links sieht man Soldaten mit Speeren über einen Bergrücken ziehen. Dichter Nebel — einige Fahnen im Vordergrund, und Männer, die auf dem Boden kauern. Es wäre möglich, die gesamte Kampfszene mit einer künstlichen Sonne aufzunehmen, die hinter den bewegten Schatten der Männer die Szene beleuchtet. Es gab ein paar atemberaubende Aufnahmen von Sonnenuntergängen, bei denen die Truppen einen Hügelkamm überschritten. Ihre Helme zeichneten sich gegen den Himmel ab... Wie wäre es mit Menschen auf Felsklippen und den großartigen Karpaten in Frontprojektion... Nacht, heulender Wind und Tücher, die im Wind flattern — und das Geräusch, das dabei entsteht.«

Totale
Die Silhouette von Dracula rast über die Leinwand. Man sieht aufgespießte Türken auf Pfählen entlang der Straße — Draculas Schloß im Hintergrund. Vertikalschwenk nach unten: im Vordergrund nähern sich hungrige Wölfe einem sterbenden Türken. Die Stimme Van Helsings nimmt den Faden wieder auf:
> Ein türkischer Pfeil brachte die verräterische Nachricht zu Draculas Braut Elizabeth. Sie glaubte, er sei im Kampf gefallen, und stürzte sich vom Schloßturm.

[Schloßkapelle — Nacht]

Großaufnahme
Dracula rast durch die Tür.
(Musikeinsatz: christlicher Chorgesang)

Dracula sucht in der Burgkapelle nach seiner Prinzessin.

Draculas P. O. V.* − Kamerafahrt auf Elizabeth
Ihre leblose vornehme Gestalt liegt gekrümmt vor einem
Kreuzigungsschrein unter dem großen steinernen Drachen-
bogen.

Von unten − Elizabeth im Vordergrund
Dracula liegt über ihr, ein gebrochener Mann. (Kamerafahrt
auf ihn zu.) Verzweifelt küßt er sie, streichelt sie, will sie
ins Leben zurückholen − er sieht ein blutbeflecktes
Pergament in ihrer Hand.

Aufsicht
In der Pfütze aus Blut und Wasser spiegelt sich Draculas
Gestalt. Seine Hand hebt das Pergament auf.

Von unten − aus Draculas P. O. V.
Chesare, ein älterer Mönch, erscheint mit zwei anderen
Mönchen.

CHESARE *(rumänisch)*
> Eine Botschaft − am Schaft eines Türkenpfeils − mel-
> dete Euren Tod . . . Wir konnten sie nicht aufhalten . . .
> Ihre letzten Worte . . .

Großaufnahme
Eine Überblendung auf das Pergament zeigt, was gesche-
hen ist: Elizabeth stürzt sich vom Schloß herab in den
Fluß.

STIMME ELIZABETHS *(rumänisch)*
> Mein Prinz ist tot. Nun ist alles verloren. Möge Gott
> uns im Himmel vereinen . . .

---

* Point of View: Blickwinkel, Perspektive. In der Filmsprache Bezeichnung für
›subjektive Kamera‹: die Kamera nimmt die Perspektive eines Darstellers ein.
(Anm. d. Übers.)

Elizabeths kurzer Brief zum langen Abschied, mit Blut befleckt.

Kameraschwenk zu Draculas Gesicht in Nahaufnahme; seine Reaktion auf die Nachricht.

Draculas P. O. V. – von unten auf Chesare

CHESARE *(rumänisch)*
　Sie hat sich das Leben genommen, mein Sohn.

Nahaufnahme Elizabeth
Während Chesare spricht, fährt die Kamera auf sie zu und man sieht den schwarzen Schatten des Kreuzes, der ihr Gesicht verdunkelt.

Chesare (Off) *(rumänisch)*
Ihre Seele ist verloren. Sie ist verdammt. So will es das Gesetz des Herrn...

Halbnah auf Dracula
Er schreit auf — wie ein sterbendes Tier. Die Kamera ›fliegt‹ in die Obersichtsperspektive und beobachtet von dort, wie er den Taufstein ausleert und mit dem Weihwasser Elizabeths Blut über den Boden verwischt.

Dracula *(rumänisch)*
Ist dies der Lohn dafür, daß ich Gottes Kirche verteidigt habe?!

Dracula, Vlad Tepes: Prinz der Walachai

Dracula hat tatsächlich existiert. Nachforschungen haben ergeben, daß Bram Stokers Vampir sein Vorbild in einem walachischen Prinzen aus dem 15. Jahrhundert hat, der für seine militärischen Heldentaten gegen die Türken ebenso berühmt war wie für seine grausamen Strafen, die er über Feind und Freund verhängte. Der rumänische Ausdruck »Tepes« bedeutet »der Pfähler«, was auf seine bevorzugte Form der Folter verweist.
  Dracula wurde etwa

Es sind nur drei Porträts von Dracula bekannt. Dies ist die Reproduktion eines verlorengegangenen Originals, das von einem unbekannten Künstler im späten 16. Jahrhundert gemalt wurde. Es hängt in Schloß Ambras in der Nähe von Innsbruck.

1430 in der befestigten Stadt Schassburg geboren, die im Norden Rumäniens liegt, in der Hochebene Transsilvanien. Obwohl sein Name fest mit Transsilvanien verbunden ist und er in seiner Jugend sogar noch weiter in Richtung Norden bis zu den Germanen reiste, lag das Reich, das er regierte, weit im Süden Rumäniens an den Ufern der Donau: die Walachai.

Sein Vater, Vlad II. (genannt Dracula, oder »Teufel«) wurde vom Kaiser des Heiligen Römischen Reiches mit dem Drachenorden ausgezeichnet, ein Orden, der seinen Träger dazu verpflichtete, gegen die Ungläubigen zu kämpfen. Gleichzeitig erhielt er den Titel eines Prinzen der Walachai, einem Grenzgebiet, in das die Türken ständig einzufallen drohten.

Vlad Tepes erbte den Auftrag seines Vaters und leistete einen hartnäckigen, heldenhaften Widerstand gegen die Eindringlinge, und das drei Regierungsperioden lang, von 1448 bis 1476, Regierungsperioden, die unterbrochen waren von Exil und Gefangenschaft.

Dracula verbrachte seine Jugendjahre in türkischer Sklaverei. Die Erfahrungen, die er dort machte, lehrten ihn die Sprache des Feindes, seine Verschlagenheit und seinen politischen Zynismus. Sie weckten seine Vorliebe für den Harem und formten seine vornehmlichsten Charakterzüge: Mißtrauen und Rachsucht.

Als Herrscher ging Dracula kurzlebige Bündnisse ein, machte sich die Guerilla-Taktiken seiner Bergbewohner zunutze und gebrauchte Terrormethoden, um die Streitkräfte des Sultans aufzureiben, oder die »boyars«, die rebellischen Adligen, und die gewöhnlichen Bürger zu unterdrücken.

Die Liste seiner Grausamkeiten war lang. Auf ihr standen nicht nur das Pfählen, sondern auch Vierteilen, Blenden, Häuten, Kastrieren und sexuelle Verstümmelung seiner Opfer, die er gerne bei lebendigem Leibe kochte und den wilden

Tieren zum Fraß vorwarf. Selbst in einer solch blutigen Zeit war sein Durst nach Blut extrem – wenn er auch vielleicht durch zeitgenössische Pamphlete germanischer Autoren stark übertrieben wurde.

In den Überlieferungen der rumänischen Bauern hat er jedoch noch eine andere Seite: die des tapferen Kriegers, der sein Heimatland verteidigt, skrupellos gegenüber den Reichen, aber ein mächtiger Verbündeter der Armen.

Dracula war zweimal verheiratet. Seine erste Frau beging angeblich Selbstmord. Man weiß nicht viel über sie, aber Drehbuchautor Hart nahm ihre Geschichte als Ausgangsbasis für die Verwandlung Draculas in einen Vampir. In Raymond McNally und Radu Florescus *In Search of Dracula (Auf der Suche nach Dracula)* heißt es: »Nach ost-orthodoxen Vorstellungen wird der Körper eines Toten, der unter einem Fluch steht, nicht von der Erde aufgenommen ... Diejenigen, die unter dem Bann der

Exkommunikation stehen, sind dazu verdammt, ›unverfault und unversehrt‹ zu bleiben ..., was einleuchtend erklärt, warum der Vampirismus den orthodoxen Ländern so viele Gläubige gefunden hat.«

Bram Stoker erfuhr von einem ungarischen Gelehrten über den blutigen Prinzen aus dem 15. Jahrhundert, als er seine Vampirgeschichte plante und nach einem authentischen Hintergrund suchte. Die Ergebnisse seiner beachtlichen Recherchen bereichern seinen Roman ungemein, aber er irrte sich, als er Draculas Schloß in den Norden Transsilvaniens legte, in die Nähe des Borgo Passes.

Die beiden Autoren McNally und Florescu führten mehrere Expeditionen durch, bis sie den wahrscheinlich richtigen Standort des Schlosses gefunden hatten: eine zerfallene Ruine auf einem Gipfel der Karpaten über dem Fluß Arges in der Walachai, 140 Meilen südlicher. Sie vermuten, daß es aus

Brasov (Cronstad) war eine der Städte, die Dracula terrorisierte. Dieser Stich stammt aus dem 17. Jahrhundert. (Bibliothek der Rumänischen Akademie in Bukarest).

den Steinen einer nahegelegenen Burg erbaut wurde, die ebenfalls oft im Zusammenhang mit Dracula genannt wird. Der mühsame Transport der Steine und das Errichten des Schlosses war Aufgabe einer unglücklichen Schar von *boyars*, die Dracula zu einer angeblichen Hochzeitsfeier eingeladen hatte, um sie dann gefangenzunehmen. Auch die Chroniken der Walachai sowie mündliche Überlieferungen, plazieren das Schloß in diesem abgelegenen, nahezu unzugänglichen Teil Rumäniens.

Vlad Tepes starb 1476, 45 Jahre alt, in einer Schlacht vor den Toren

Bukarests. Berichte über die Art seines Todes variieren, aber alle stimmen darin überein, daß er geköpft wurde. Seinen Kopf schickte man dem Sultan, als Beweis dafür, daß der fürchterliche Feind Kaziklu Bey (der Pfähler) besiegt war. Seine restlichen sterblichen Überreste sind (angeblich!) im Kloster von Snagov nahe Bukarest begraben. Einheimische behaupten, seinen Geist aus einem naheliegenden See aufsteigen gesehen zu haben — aber es ist zweifellos Bram Stoker zu verdanken, daß Dracula auch heute noch in der ganzen Welt weiterlebt.

Gegenüber: Karte von Transsilvanien und der Walachei. Aus: AUF DER SUCHE NACH DRACULA

Türkischer Krieger. Aus: THE ANNOTATED DRACULA

DER TIER-MENSCH

Kostümdesignerin Eiko Ishioka sah sich vor die Aufgabe gestellt, Dracula im Verlauf des Films mit nicht weniger als sechs verschiedenen Erscheinungsweisen auszustaffieren, die sowohl seine verschiedenen Altersstufen, wie auch seine Fähigkeit, die Gestalt zu wechseln, widerspiegeln sollten. »Die Grundfarben, die ich für Dracula gebrauchte«, sagte sie, »waren Rot, Weiß, Schwarz und Gold. Jedes Kostüm habe ich so entworfen, daß es vollkommen einmalig wirkt, damit man jedesmal einen völlig neuen Eindruck von Dracula hat, wenn er auftaucht.«

Als Prinz von Transsilvanien ist Dracula ein »militärisches Genie, ein menschgewordener Wolf. Er besitzt die Macht, alle Lebewesen zu kontrollieren. Also mußte seine Rüstung etwas ganz Besonderes sein. Ich wollte ihn in seiner Rüstung als eine Mischung aus Mensch und Tier darstellen, deshalb habe ich die stilisierte Muskel-Rüstung entworfen. Sie sieht ein wenig wie aus einem Anatomiebuch aus. Auch der Helm besteht aus diesen stilisierten Muskeln, aber der Effekt, den ich hier anstrebte, ist der einer Mischung aus Wolfskopf und Menschenschädel. Rot, die Farbe des Blutes, ist mit einer Ausnahme nur Dracula vorbehalten.«

Gary Oldmans erste Anprobe der endgültigen Muskel-Rüstung fand am Drehort statt. Die Szene in der Kapelle sollte gedreht werden, und niemand wußte, ob die Rüstung auch die hektischen Bewegungen aushalten würde. Gary Oldman wollte natürlich nicht, daß das Kostüm ihn trug, statt umgekehrt, und schwang sein Schwert mit Kraft und Vehemenz. Mir war daher klar, daß während der Aufnahmen immer wieder Stücke von der Rüstung abfallen würden. »Die habe ich dann wieder mit dem Lötkolben anschweißen müssen.«

Von unten — die Kamera fährt rückwärts
vor Dracula her, während er auf die Mönche zugeht.

*Schwenk von Dracula zu Chesare. Chesare weicht zurück
und hebt sein Kruzifix.*

CHESARE *(rumänisch)*
> Frevler! Verschließe dich nicht vor Jesus Christus!
> Er hat dich erwählt, die Ungerechten zu strafen!

Nahaufnahme von unten — Dracula

DRACULA *(rumänisch)*
> Ich verleugne Gott — und euch, ihr Heuchler, die ihr
> von ihm lebt. Wenn meine Geliebte in der Hölle
> schmort — will ich's auch tun!

(stolz, kraftvoll)
> Ich, Dracula, Woiwode von Transsilvanien, werde mich
> nach meinem Tode erheben, um den ihren mit allen
> Mächten der Finsternis zu rächen.

Halbtotale von unten
auf Chesare und die Mönche im Hintergrund. Chesare
schreit auf. Die Mönche jammern vor Furcht. Dracula
kommt ins Bild, packt Chesare am Handgelenk.

Großaufnahme
Dracula biegt Chesares Handgelenk mit kraftvollem Griff,
die Knochen knacken — Schwenk auf das Kruzifix, das
auf den blutigen Boden fällt.

Untersicht
Dracula stößt Chesare zu Boden. Man sieht das Kreuz
über dem Altar.

Von oben, über dem Kreuz
Dracula stürzt vor und durchbohrt das Kreuz mit seinem Schwert. Es wird dunkler in der Kapelle, ein Wind weht.

Untersicht
Er zieht den heiligen Kelch durch das Weihwasser, das mit Blut vermischt ist – und hebt ihn hoch empor.

Dracula *(rumänisch)*
   Das Blut ist das Leben. Und es wird mir gehören!

Er trinkt aus dem Kelch.

Großaufnahme – die Lanze im Kreuz
Das Kreuz fängt an zu bluten. (Musikeinsatz.)

Nahaufnahme Dracula
Er schaut zum Kreuz auf. Das Blut tropft auf sein Gesicht.

Totale
Die Kapelle. Von dem durchbohrten Kreuz rinnt ein Blutstrom die Stufen herab.

Nahaufnahme
auf einen der Steinengel an der Wand; er weint blutige Tränen.

Anthony Hopkins in der Rolle des Chesare. In seinem Arbeitsbuch merkte Coppola an: »Der Prolog setzt sich wie ein Mosaik aus religiösen Bildelementen zusammen. Erst die Reaktionen der Gläubigen enthüllen das ganze Ausmaß von Draculas Blasphemie.

Aus Mina Harkers Tagebuch

Dr. [Van Helsing erzählte uns folgendes:] »Ich habe meinen Freund Arminius von der Universität in Buda-Pesth nach Draculas Lebenslauf gefragt. Nach dem, was er mir berichtet hat, muß er tatsächlich jener Woiwode Dracula gewesen sein, der sich im Kampf gegen die Türken einen Namen gemacht hat, dort, jenseits des großen Flußes, nahe an der Grenze zum Land der Türken. Wenn das tatsächlich so ist, dann war er kein gewöhnlicher Mann; denn damals — und noch viele Jahrhunderte später — sprach man von ihm nur als dem intelligentesten und verschlagensten, aber auch dem tapfersten Sohn aus dem ›Land hinter den Wäldern‹. Dieser mächtige Verstand und diese eiserne Entschlossenheit hat er mit ins Grab genommen, und sie werden jetzt gegen uns in die Schlacht geführt. Die Draculas waren, so sagt Arminius, eine große und edle Rasse, obwohl Zeitgenossen hin und wieder von einigen Sprößlingen der Familie behaupten, daß sie mit dem Teufel Geschäfte getrieben hätten . . . Und in einem der Manuskripte wird genau von jenem Dracula als von dem ›wampyr‹ gesprochen . . .«

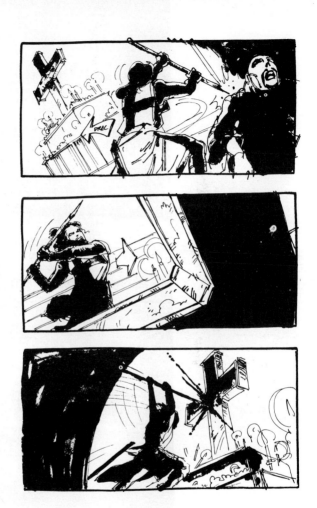

Auf dem Zeichenbrett: Dracula pfählt das Kreuz

Nahaufnahme Elizabeth
auf den Stufen. Um sie herum Blut, das ihre Gestalt überflutet. Die Kamera geht langsam herunter zu einer Großaufnahme im Profil. Elizabeths Gesicht versinkt in Blut. Die Kamera bewegt sich ins Blut hinein und man erahnt den mikroskopischen Blick auf die lebenden Zellen.

Überblendung zu: [Bibliothek]

Nahaufnahme
Ein großes, ledergebundenes Buch liegt auf einem Lesepult. Die Kamera zieht sich zurück, als Van Helsings Hand es öffnet. Er beginnt zu lesen.

Von oben auf Van Helsings Rücken
während er liest; dann Schnitt zu frontaler Nahaufnahme.

Van Helsing
Draculas geliebter Prinzessin wurde ein christliches Begräbnis von der Kirche versagt. Ihre Seele war verdammt, sie fand keinen Frieden.
Ich habe die alten Handschriften, die Philosophie und die Metaphysik untersucht, ich habe mein Leben dem Verständnis dieser seltsamen Dinge gewidmet, die ich nun erzählen werde. Warum ich diese Dokumente und Tagebücher in eine bestimmte Reihenfolge gebracht habe, wird ersichtlich werden, wenn man sie liest.
Dies ist die schreckliche und furchterregende Geschichte des grausamen Prinzen Dracula. Wie er Menschen pfählte, wie er sie briet und ihre Köpfe in Kesseln kochte ... Wie er ihnen bei lebendigem Leibe die Haut abzog und von ihrem Blute trank − bis er, vier Jahrhunderte später, nach dem weit entfernten England schicken ließ; ein Advokat, Mr. R. M. Renfield, sollte Vorbereitungen treffen, damit der Graf Grundbesitz in London erwerben konnte.
Als Mr. Renfield nach London zurückkehrte, war er verrückt geworden.

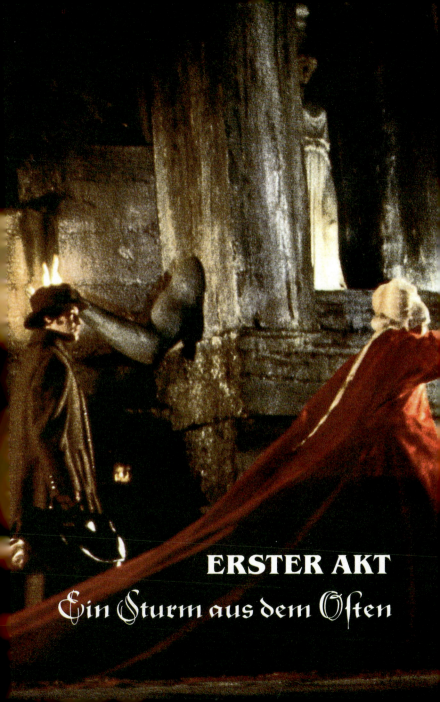

ERSTER AKT
Ein Sturm aus dem Osten

ENGLAND, MAI 1897

Bildschnitt
Das Schild von Carfax, dann Renfields Identitätskarte

[London − Irrenanstalt Carfax]

SEWARDS STIMME
   Krankenbericht von Dr. Jack Seward, Direktor der
   Irrenanstalt Carfax, London R. M. Renfield, erfolg-
   reicher Makler bei Hawkins und Thompkins, kehrt
   von seiner Geschäftsreise aus Transsilvanien zurück . . .

Halbtotale
Seward geht durch eine offene Halle der Irrenanstalt, vor-
bei an den Zellen der Insassen; die Wärter verrichten ihre
Arbeit. Er macht sich Notizen in einem Büchlein.

SEWARDS STIMME (Fortsetzung)
   . . . und erleidet einen völligen geistigen Zusammenbruch; er ist jetzt von Blutgier und einem unstillbaren
   Hunger nach Leben in jedweder Form besessen.

Er nähert sich Renfields Zelle.

Aufsicht/total − durch ein Spinnennetz
Man sieht Renfield, mit dem Rücken zum Betrachter, im
Gegenlicht vor dem Fenster seiner Zelle stehen.

An der Tür
Seward tritt ein und hält sich gegen den Gestank ein
Taschentuch vors Gesicht.

Von unten auf Renfield
Er dreht sich um und kommt auf die Kamera zu, die gleichzeitig auf ihn zoomt. Renfield wendet sich Seward zu, in der Hand hält er einen Teller voller Wanzen und Spinnen. Er trägt eine Brille mit dicken Gläsern.

RENFIELD
　Hors d'oeuvres, Dr. Seward? Canapés?

Großaufnahme einer Spinne (Makro)
Durch Renfields Brille vergrößert.

Auf Seward
Renfield kommt hinzu *(Zweier-Einstellung)*, er tritt hinter Seward und liest in dessen Aufzeichnungen.

Renfields Empfehlungsschreiben, eines von Hunderten von Dokumenten und Urkunden, die eigens für diesen Film geschaffen wurden.

SEWARD
   Nein danke, Mr. Renfield. Wie geht es Ihnen heute abend?

RENFIELD
(verrenkt sich fast den Hals, um Sewards Notizen zu lesen)
   Besser als Ihnen, mein liebeskranker Doktor.

Dr. Seward »ist erst 29 Jahre alt und leitet eine riesige Irrenanstalt«.

SEWARD
    Interessieren Sie sich etwa für mein Privatleben?

RENFIELD
    Alles Leben interessiert mich.

Nahaufnahme einer Schmeißfliege

Schwenk mit der Fliege zu Renfields Mund; er ißt sie auf.

Nahaufnahme Seward
Seine Reaktion.

SEWARD
　Ihre Ernährung ist widerlich, Mr. Renfield.

Auf Renfield
Er geht zum Fenster zurück.

RENFIELD
　Absolut nahrhaft. Alles Leben, das ich aufnehme –
　gibt mir wieder Leben.

SEWARD
Eine Fliege gibt Ihnen Leben?

Durch die Spinnweben
auf Renfield.

RENFIELD
Die saphirblauen Flügel der Fliege sind ein Sinnbild für
die Macht der Psyche über die Luft. Die Alten haben
recht daran getan, die Seele des Menschen als
Schmetterling darzustellen!

SEWARD
(beeindruckt)
Ich werde für Sie eine neue Klassifizierung der
Geisteskranken erfinden müssen.

Er geht auf Renfield zu.

SEWARD
Was ist mit den Spinnen? Spinnen fressen Fliegen...

Auf Renfield
Er blickt nach oben, als ein kleiner Vogel durch die Zelle
flattert.

SEWARD
Was ist mit den Sperlingen?

REFIELD
(gerät in Erregung)
Sagten Sie Sperlinge...

SEWARD
Oder möchten Sie vielleicht etwas Größeres?

An Seward vorbei auf Renfield
Renfield verliert die Beherrschung und bettelt wie ein
Hund

RENFIELD
Ein Kätzchen − ein niedliches, verspieltes Kätzchen,
das ich dressieren und füttern kann − und füttern
und füttern − man wird mir doch kein Kätzchen ver-
weigern. Ich flehe Sie an −

Über Renfield hinweg auf Seward

SEWARD
(quält ihn)
Hätten Sie nicht lieber eine Katze?

RENFIELD
Ja! Ja − eine Katze! Eine große Katze! Mein Heil
hängt davon ab!

SEWARD
Ihr Heil?

RENFIELD
Leben − ich brauche Leben für den Meister.

SEWARD
Meister? Welcher Meister?

Über Seward hinweg auf Renfield
Er dreht sich um und deutet auf das Fenster.

RENFIELD
Der Meister wird kommen! Er hat versprochen, mich
unsterblich zu machen!

Seward
   Wie?

Renfield stürzt sich auf Seward und packt ihn an der Kehle.

Die Wärter kommen herein
Kameraschwenk mit ihnen, während sie Renfield zu Boden ringen und ihn mit Stöcken schlagen. Er kämpft wie ein Tier und bricht dabei einem Wärter das Handgelenk, als sei es ein Hühnerknochen.

Renfield
   Das Blut ist das Leben ... *Das Blut ist das Leben!*

Großaufnahme Renfield
Er fällt zu Boden, die Brille liegt wenige Zentimeter vor seinem Gesicht.

Großaufnahme
Durch eins der Gläser sieht man eine große Spinne. Renfield schnappt zu und verschlingt sie.

Schnitt: [Landhaus Hillingham — Garten — Tag]

Halbtotale
Man sieht die Terrasse und die Fassade des Hillingham-
Hauses im Hintergrund. Pfauen stolzieren herum und
stoßen Paarungsrufe aus. Die Kamera fährt in eine
Zweier-Einstellung von Mina Murray und Jonathan Harker,
die miteinander reden, während Van Helsing als Erzähler
spricht:

VAN HELSINGS STIMME
Die Anwälte mußten zu ihrem tiefsten Bedauern
Mr. Renfields jungen Assistenten, Mr. Jonathan
Harker, schicken, um das Geschäft zum Abschluß
zu bringen. Dieser ehrgeizige junge Angestellte ver-
abschiedete sich eilig von seiner Verlobten, Miss
Wilhelmina Murray, und verließ das Land mit dem
Zug Richtung Transsilvanien.

MINA
Du gehst?

*Zweier-Einstellung — die Kamera pendelt zwischen ihnen
hin und her.*

HARKER
Ein fremder Graf möchte in der Umgebung von
London Grundbesitz erwerben, und man schickt mich
nun dorthin, um das Geschäft abzuschließen. Das
Geld spielt keine Rolle. Kannst du dir die Macht
vorstellen, die solch ein Reichtum verschafft? Denk'
nur, Mina, ein Adliger!

MINA
Ich denke an unsere Hochzeit, Jon.

HARKER
Wir können heiraten, wenn ich zurückkomme — eine große teure Hochzeit, über die Lucy und ihre adligen Freunde noch lange reden werden.

Er küßt ihre Hand.

MINA
Jonathan, du weißt doch, daß mir solche Dinge nichts bedeuten. Ich will doch nur, daß wir glücklich sind, kannst du das nicht verstehen?

HARKER
Ich weiß, was für uns beide am besten ist.

MINA
Natürlich. Wir haben ja schon so lange gewartet... nicht wahr?

HARKER
(gibt ihr einen keuschen Kuß)
Es gibt auf der ganzen Welt keine Frau, die sich mit dir vergleichen kann!
(schaut nervös auf seine Uhr)
Ich muß fort. Ich schreib' dir —

Die Kamera fährt zurück und zoomt dann wieder nah heran. Mina küßt ihn, wie sie es noch nie getan hat — erregt — verzweifelt. Er zeigt prüde Zurückhaltung.

MINA
Jonathan... ich liebe dich...

HARKER
Ich liebe dich auch, mein Herz.

Skizzen für die Szenen, die Jonathan Harkers Reise nach Transsilvanien zeigen.

Sie küßt ihn wieder, lockt ihn in verführerischer Weise aus dem Bild heraus. Dem Zuschauer bleiben nur die Pfauen. Die Kamera bewegt sich auf einen zu; das Auge auf seiner Feder blendet über in:

[Eisenbahntunnel – Tag]
Dunkel, ein Licht am Ende des Tunnels. Die Kamera bewegt sich auf die rote Sonne zu. (Musikeinsatz: Schienengeräusch.)

Einblendung:
Ein Portrait von Mina, das in Nahaufnahme auf Harkers Gesicht überlagert wird.

[Orientexpreß – Sonnenuntergang]

Totale
Der Zug bewegt sich am oberen Bildrand, fährt den Berg hinunter. Auf die untere Bildhälfte wird Harkers Tagebuch eingeblendet:

HARKERS STIMME
25. Mai. Vor sechs Tagen London verlassen. Heute frühmorgens von Buda-Pesth abgereist. Ich hatte den Eindruck, daß wir nun den Westen verließen und in den Osten eindrangen . . .

Überblendung/Halbnah
Harker am Zugfenster

Einblendung/am Boden – schnelle Fahrt über die Schienen
Der Zug fährt durch eine fremdartige Landschaft.

[Transsilvanische Grenze — Sonnenuntergang]

Totale
Der Zug fährt durch die großartige Bergwelt der Karpaten,
ins Herz der transsilvanischen Finsternis.

HARKERS STIMME
    Der Distrikt, in den meine Reise führt, liegt im
    äußersten Osten des Landes, an den Grenzen dreier
    Staaten: Transsilvanien, Moldavien und der Bukovina,
    inmitten der Karpaten . . .

Überblendung; eine Karte von Osteuropa
Man sieht das Gebiet mit Namen ›Transsilvanien‹.

HARKERS STIMME *(Fortsetzung)*
    . . . eine der wildesten und unbekanntesten Gegenden
    von Europa. Auf keiner Karte konnte ich die genaue
    Lage von Schloß Dracula entdecken. Doch ich
    bestätige den Erhalt des Briefs von Graf Dracula,
    datiert vom 18. Mai.

[Orientexpreß — Innen — Sonnenuntergang]

Nah auf Harker
(Musikeinsatz.) Die Landkarte wird langsam ausgeblendet.

Schwenk in die Landschaft
Einblendung von Draculas Augen in die Wolken.

DRACULA
    Mein Freund! Willkommen in den Karpaten. Ich
    erwarte Sie mit Ungeduld . . .

Harker im Vordergrund wird von einem Schatten
verdunkelt. Man sieht nur seine Augen.

Einblendung: Draculas Brief
Purpurfarbene Tinte — eine elegante Schrift aus einem
anderen Zeitalter.

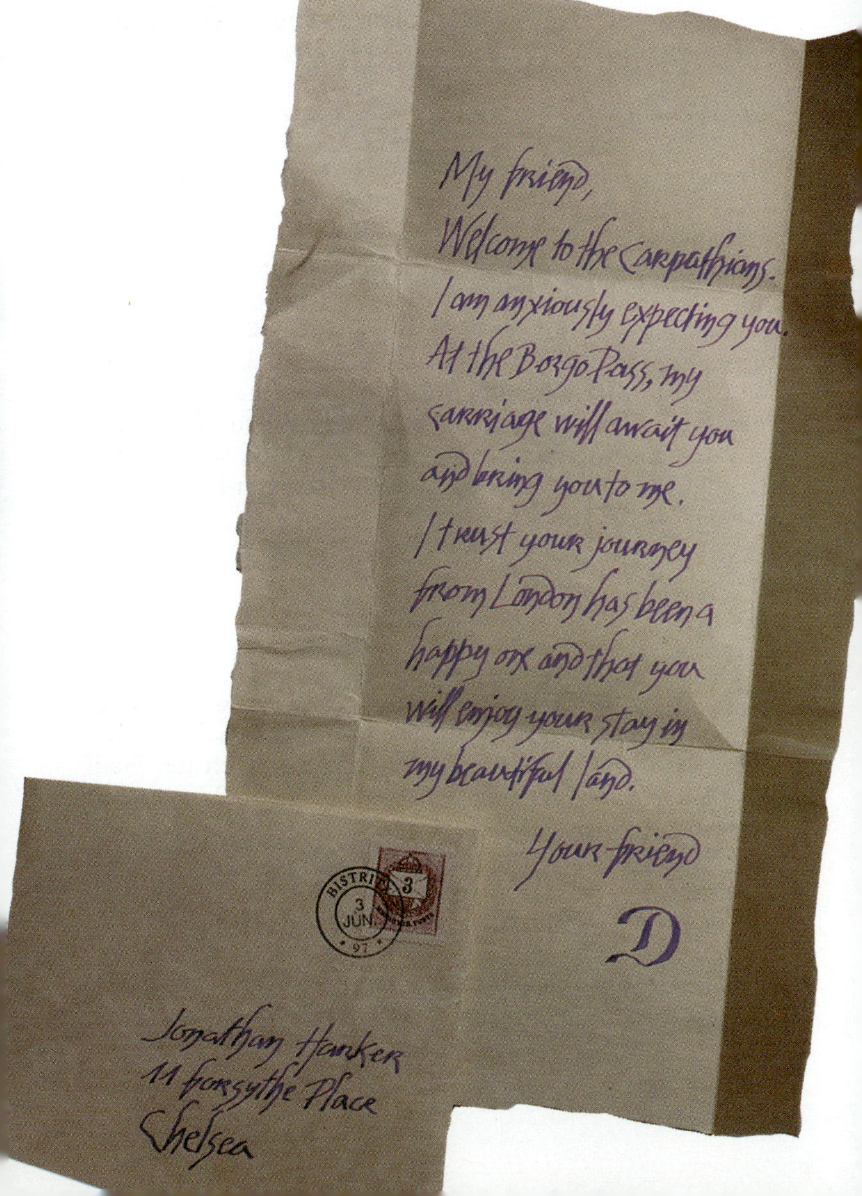

My friend,
Welcome to the Carpathians.
I am anxiously expecting you.
At the Borgo Pass, my
carriage will await you
and bring you to me.
I trust your journey
from London has been a
happy one and that you
will enjoy your stay in
my beautiful land.

Your friend

D

Jonathan Harker
11 Forsythe Place
Chelsea

DRACULA
Am Borgopaß wird meine Kutsche Sie erwarten und
zu mir bringen. Ich hoffe, daß Sie eine gute Reise von
London hatten und daß Sie sich Ihres Aufenthalts in
meinem schönen Lande freuen mögen. Ihr Freund, D.

Die Kamera fährt auf das ›D‹. Musik setzt ein.

[Kutsche — Nacht]

Halbtotale
Eine Kutsche, die bergab durch die Karpaten fährt.

Schnitt ins Wageninnere, der Reihe nach Blick auf jeden
der Reisenden: Harker, der nervös auf die Uhr blickt; ein
bärtiger, bebrillter Kaufmann; zwei bäuerliche Zigeunerin-
nen (eine alte und eine junge). Plötzlich lehnt die Alte sich
vor und streckt Harker zwei Finger in einem seltsamen
Zeichen entgegen. Draußen fährt ein Blitz in Form des-
selben Zeichens nieder.

[Straße von Borgo]

Totale
Die Kutsche hält auf einer Lichtung, auf der ein grotesker
Schrein steht, darauf ein Wolfskopf mit gefletschten Zäh-
nen. Ein Straßenschild zeigt den Weg zur nächsten Stadt
an. Ärgerlich darüber, daß er hier warten soll, beginnt der
Kutscher Harkers Gepäck abzuladen.

HARKER
Wir sind zu früh dran. Es ist noch niemand da.

Halbnah auf die junge Zigeunerin
Sie drückt ihm ihr Kruzifix in die Hand.

Die Zigeunerin machte »jene seltsamen Handbewegungen und Gesten, die ich schon vor dem Hotel in Bistriz gesehen hatte und die das Böse bannen sollen«.

JUNGE ZIGEUNERIN *(rumänisch)*
   Die Toten reiten schnell.

Nahaufnahme Harker
Er starrt auf das Kruzifix in seiner Hand.

Gegentotale
Der slowakische Kutscher öffnet die Tür und bedeutet Harker auszusteigen.

[Lichtung – Nacht]

Totale
Harker steigt unter Protest aus. Der Kutscher setzt unverzüglich die Fahrt fort. Harker steht allein auf der verlassenen Lichtung. Er blickt nach oben.

Sein P. O. V. — der wolfsköpfige Schrein
Man hört Wolfsgeheul.

Nahaufnahme Harker
Er steht verlassen da und fürchtet sich.

Von oben
Wölfe blicken auf Harker herab.

Neue Einstellung
Plötzlich taucht aus dem Nebel ein Paar schwarze Hengste auf, die eine Kalesche ziehen, deren Räder einen schwarzen Stoffbehang tragen. Kameraschwenk mit der fahrenden Kutsche. Der Schein der Laternen umstrahlt den Schwarzen Kutscher, der seine Pferde zügelt. Er beugt sich zu Harker hinunter.

Entwurf für Draculas Kutsche

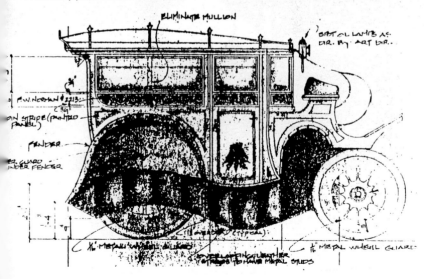

Coppola schrieb zu dieser Szene. »Wenn Harker von der Gesiterkutsche aufgelesen wird, ist das der Höhepunkt dieser Bildsequenz. Der Fahrer soll aussehen wir die Gestalt eines Ichabod-Crane-Bildes: Sein Gesicht ist nicht genau zu erkennen, aber sein Körper und seine Kopfbedeckung sind furchteinflößend.«

DER SCHWARZE KUTSCHER
Mein Herr, der Graf, hat mir geboten, besonders auf
Sie achtzugeben.

Halbnah auf Harker
Ehe er etwas erwidern kann, wird er in die Kalesche gehoben. Der Blick verlagert sich ins Innere der Kutsche, als
Harker auf dem Sitz landet. Er ist vor Angst wie gelähmt,
hört, wie sein Gepäck verladen wird. Der Zuschauer sieht
seine Reaktion in Nahaufnahme, während die Kutsche los-
fährt.

Totale − hinter der Kutsche
Sie fährt davon.

[Kutsche/innen − Fahrt − Nacht]

Halbnah auf Harker
Die Kutsche fährt. Plötzlich schlägt die Klappe im Dach
auf; er erschrickt. Eine Hand reicht eine Flasche Pflaumen-
brandy hinein; Harker nimmt sie entgegen. Die Klappe fällt
sofort wieder zu.

Harker blickt aus dem Fenster der Kutsche.

HARKER
Sagen Sie, ist es noch weit? Ist es noch weit bis zum
Schloß?

Der Kutscher, der viel zu weit entfernt sitzt, als daß er ihm
den Brandy hätte reichen können, nimmt keine Notiz von
ihm. Wölfe heulen. Immer mehr. Immer näher.

Zurück auf Harker
Die Kamera fährt nah heran; er friert und schaut aus dem
Fenster.

[Straße von Borgo − Fahrt − Nacht]

Großaufnahme − ein Rad
rutscht für einen Moment fast in den Abgrund.

Harkers P. O. V. − Aufsicht/Blick nach unten
Man sieht, wie die Kalesche gefährlich nahe am Rand des
Abgrunds fährt. Tief unten sieht man den Fluß.

Mehrfachbelichtung
Hunderte von Wolfsaugen leuchten in der Dunkelheit. Ein
Paar dieser Augen blendet über in:

Aufnahme von der Seite
Den Schwarzen Kutscher.

Schnitt: [Schloß Dracula − Außen]

Totale − von unten aufgenommen
Kameraschwenk über die verfallenen Mauern.

Über die Pferde hinweg
Plötzlich schwebt eine seltsame blaue Flamme in der Finsternis vor der Kutsche − man vernimmt gespenstisches
Pferdewiehern. Die Hengste zerren die Kutsche durch die
blauen Flammen hindurch auf das Schloß zu. Harker
schaut auf das Kruzifix, öffnet seinen Mantel.

Überblendung zu: [Hof − Nacht]

Untersicht/total
Die Kalesche erscheint und fährt durch den Torweg in den
Hof.

Roman Coppola über die blaue Flamme:

»Die blaue Flamme war ein optischer Effekt. Wir benutzten keine der altbekannten Techniken — nein, die Form der Flamme selbst borgten wir uns aus F. W. Murnaus FAUST.«

Francis Coppola:

»Historisch gesehen zeigt die blaue Flamme die Schätze Draculas an, aber wir werden sie auf eine etwas andere Art einsetzen... Sie symbolisiert Draculas Macht, fast so, als wäre sie Draculas Kraftfeld.«

Kutschfenster
Harker steckt seinen Kopf aus dem Fenster, blickt nach vorn, dreht sich um und sieht, wie sich mehrere Tore hinter ihm schließen.

[Innerer Hof — Nacht]

Leichte Obersicht
Die Kalesche kommt ins Bild. Der Schwarze Kutscher setzt den verängstigten Harker ab, dann sein Gepäck und fährt davon.

Vogelperspektive/total
nach unten in den Hof. Das steinerne Schloß ist eine gewaltige Ruine. Teile der Wände und des Fundaments sind herabgestürzt und liegen auf dem Boden. Harker, sehr klein darin wirkend, schaut sich um. Ein Stein löst sich und fällt; er erschrickt. Er beginnt die Treppe hinaufzusteigen, das Gepäck in der Hand.

Jonathan Harkers Tagebuch

Plötzlich entdeckte ich links von uns das schwache Flackern einer blauen Flamme. Der Kutscher sah es zur selben Zeit, brachte augenblicklich die Pferde zum Stehen, sprang auf den Boden und verschwand in der Dunkelheit. Ich wußte nicht, was ich tun sollte, zumal das Heulen der Wölfe immer näher kam. Aber noch während ich überlegte, tauchte der Kutscher plötzlich wieder auf, nahm ohne ein Wort der Erklärung seinen Platz ein, und wir setzten unsere Reise fort. Ich glaube, ich muß eingeschlafen sein und von dem Vorfall geträumt haben, denn er wiederholte sich in endloser Folge, und jetzt, wenn ich zurückblicke, erscheint mir alles wie ein schrecklicher Alptraum . . . Einmal registrierte ich einen seltsamen optischen Effekt: als [der Kutscher] zwischen mich und die Flamme geriet, verdeckte er sie nicht, denn ich konnte durch ihn hindurch weiterhin ihr bläuliches Flackern sehen.

[Später] erklärte mir der Graf, daß dem Aberglauben zufolge in einer ganz bestimmten Nacht des Jahres — um genau zu sein, war das letzte Nacht, als all die bösen Geister frei umherschweiften — eine blaue Flamme überall dort zu sehen ist, wo einmal ein Schatz vergraben wurde.

Auf Harkers Rücken
als er die Treppe hinaufsteigt und sich der Tür nähert.
Man sieht seinen Schatten die Wand entlanggleiten. Die
Tür öffnet sich.

Harker — bewegt sich auf die Kamera zu
Er kommt in eine Halbnahaufnahme.

Sein P. O. V.
Der furchterregende Schatten eines Ungeheuers, das mit
drohend erhobenen Klauen auf ihn zukommt.

Zurück auf Harker
Seine Reaktion

[Schloßeingang — Nacht]

Harkers P. O. V. — derselbe Schatten
Ein Kameraschwenk zeigt die Ursache des Schattens:
Dracula, ein hochgewachsener alter Mann. Lange behaarte
Hände. Ein fesselndes Gesicht, attraktiv wie das eines
Tataren — und furchterregend zugleich. Augen von einem
kalten leuchtenden Blau. Er stellt eine Obstschale und eine
orientalische Lampe ab (sie zeichnete den furchterregen-
den Schatten an die Wand) und steht da wie eine Statue.
Die Kamera fährt zurück, um Harker mit ins Bild zu
bekommen.

DRACULA
> Willkommen in meinem Schloß. Treten Sie ein aus
> Ihrem freien Willen — und lassen Sie etwas von der
> Freude zurück, die Sie mit hereingebracht haben!

HARKER
> Graf . . . Dracula?

Ein viktorianischer Gentleman

Jonathan Harker, der Sekretär eines Anwalts, der nach Transsilvanien reist, um dort ein Immobiliengeschäft abzuwickeln, setzt die Handlung in *Dracula* in Gang. Im Film wird er von dem jungen amerikanischen Star Keanu Reeves gespielt. Reeves sagt über Harker: »Sein Charakter orientiert sich stark am Viktorianischen Ideal eines Gentleman. Er ist sehr konservativ, häuslich, ein Mann, mit einem klaren Ziel vor Augen. Seit er sechzehn ist, hat er hart gearbeitet.«

Am Anfang ist Harker ein sehr ehrgeiziger, etwas prüder junger Mann, mit ausgeprägtem Klassenbewußtsein. »Er ist besessen von Zeit«, erklärt Drehbuchautor Jim Hart. Der allererste Satz in Bram Stokers Roman ist ein Eintrag in Harkers Tagebuch: »Ich habe München am 1. Mai um 8 Uhr 35 in der Frühe verlassen. Ich hätte am nächsten Morgen um 6 Uhr 46 (in Wien) ankommen sollen, aber der Zug hatte eine Stunde Verspätung.« Selbst als seine Verlobte Mina Murray ihn zum Abschied küßt, wirft er einen Blick auf die Uhr.

Aber Harker hat sich auf eine Reise gemacht, die sein ganzes Leben verändert: Er wird von seinem transsilvanischen Gastgeber terrorisiert und von den Bräuten des Vampirs vergewaltigt. Nur mit fast übermenschlichem Mut gelingt es ihm zu entkommen. Er beobachtet, wie seine

Geliebte mit seinem Erzfeind Dracula Blut teilt. Und er verfolgt den Vampir bis in sein letztes Grab hinein. »Am Anfang ist er ein Held, am Ende ist er nur noch ein Schatten des Mannes, der er einmal war«, meint Francis Coppola. Diese Veränderung wird dadurch symbolisiert, daß seine Haare im Verlaufe des Films weiß werden. Es ist ein weniger arroganter, dafür aber weiserer Mann, der am Ende seine Braut nach Hause führt.

Reeves sagt über den Regisseur: »Er verlangt von jedem Schauspieler eine Odyssee und sorgt mit großem Einsatz dafür, daß sie tatsächlich zustande kommt. Er gibt dir Erfahrungen, auf denen du eine Geschichte aufbaust. Er verlangt von dir, daß du auf eine Reise gehst, daß du wirklich Anteil an dem Geschehen nimmst.«

Reeves spielte zuletzt in Gus Van Sants *My Own Private Idaho* und an der Seite von Patrick Swayze in *Point Break*. Er ist auch bekannt für seine Rolle in der Komödie *Bill and Ted's Excellent Adventure* Teil 1 und Teil 2.

Reeves wuchs in Toronto auf. Bevor er seine Filmkarriere startete, spielte er in örtlichen Theaterproduktionen und trat im Fernsehen auf. In Tim Hunters *River's Edge* machte er zum erstenmal auf sich aufmerksam. Inzwischen kann er einige bemerkenswerte Filmrollen verbuchen: unter anderem in Stephen Frears' *Dangerous Liaisons*, in *Parenthood* und in der bitterbösen Komödie *I Love You to Death*.

Ob es ihm Spaß gemacht hat, den Jonathan Harker zu spielen? »Er ist ein ernster, bescheidener und ehrlicher Mann. Ja, es hat Spaß gemacht, ihn zu spielen. Und ich habe mit einigen der besten Schauspieler überhaupt zusammengearbeitet. Es war eine phantastische Rolle, die mir da angeboten wurde, und ich hatte in diesem Film einige der schönsten Tage meines Lebens.«

DRACULA
(lächelt, macht eine höfische Verbeugung)
Ich bin Dracula und begrüße Sie, Mr. Harker, in
meinem Hause. Treten Sie ein — die Nachtluft ist
kalt, und Sie bedürfen des Essens und der Ruhe.

Großaufnahme — auf der Schwelle (Rücklauf)
Harker tritt ein ›aus freiem Willen‹, und tut den schicksal-
haften Schritt über die Schwelle. Dracula dreht sich um
und geht voraus ins Schloß. Die große Tür hinter ihnen
fällt dröhnend zu.

Eiko Ishioka über Draculas Maske:

»Für Draculas Maske schuf ich ein Motiv aus mehreren
Elementen — Drache, Wolf, Schlangen, Vögel und Feuer —
die alle in einer einzigen Form verbunden sind. Das Motiv
erscheint während des ganzen Films, in den Kostümen, der
Ausstattung und den Requisiten als Sinnbild für Dracula.«

Francis Coppola meint dazu:

»Bei ihrer ersten Begegnung erzählt Dracula Harker eine
kleine Familiengeschichte: über den Orden des Drachen.
›Dracul‹ heißt Teufel und Drache. Es ist der Name von Draculas Vater, der in diesen Orden eingeführt wurde, welcher
sich dem Kampf gegen die Türken und andere Ungläubige
verschrieben hatte. Dracula ist zunächst ein Drachentöter,
wie der heilige Georg; dann wird er selbst zum Drachen.«

Der dunkle
Gastgeber

In der Szene, in der Harker vom alten Dracula begrüßt wird, entschied sich Kostümdesignerin Eiko dafür,»die androgynen Züge in seinem Charakter zu betonen.« Dracula tritt in einem wallenden, scharlachroten Mantel und mit einer überraschenden Kabuki-Frisur auf.

»Ich wollte ihm eine unendliche Vielzahl von Persönlichkeiten geben«, sagte Eiko,»so daß sein eigentliches Ich nicht so leicht zu erkennen ist und für die Zuschauer ein Geheimnis bleibt. Ist er ein Mensch oder ein Tier? Teufel oder Engel? Männlich oder weiblich? Er ist jedesmal in einer anderen Stimmung; er verändert sich ständig, wie ein Kaleidoskop.«

Francis Ford Coppolas Aufzeichnungen sagen: »In dieser Szene wird Draculas Welt vorgestellt, und wir sollten das Gefühl haben, als ob wir in seine Welt *hineingezogen* würden ... mit all ihrer byzantinischen, orientalischen Atmosphäre.«

Eiko erklärt:»In seiner Jugend lebte Dracula in Istanbul und wurde zweifellos von der türkischen Kultur und dem Stil türkischer Kleidung beeinflußt. Das erkennt man auch an seinem Kostüm. Auf seine Brust ist Draculas Emblem eingestickt. Sein Umhang ist rot, die Farbe, die Dracula symbolisiert. Die enorm lange Schleppe wurde entworfen, damit sie, wenn er durch sein Schloß schreitet, hinter ihm Wellen schlägt, wie ein Meer aus Blut.«

Eiko arbeitete mit Make-up-Designerin Michele Burke-Winter zusammen, um die eigentümliche Frisur Draculas zu kreieren. Das vierhundert Jahre alte Gesicht war ein Werk des Special-Make-up-Designer Greg Cannon. Der Effekt, den Kostüm, Frisur und Make-up hervorrufen, ist der einer »gespenstigen Asexualität«.

[Korridor im Schloß − Nacht]

Die folgende Sequenz ist eine Fahrtaufnahme, die Harkers
Spiegelung in der Lampe zeigt: er folgt Dracula, der seine
Taschen trägt. Auf ihrem Weg wirft die Lampe bizarre
Schatten an die Wände. Dracula bewegt sich auf seltsame
Weise durch die Korridore; Harker folgt ihm.

DRACULA
Nun − erzählen Sie mir von den Grundstücken, die
Sie mir anbieten können.

HARKER
Der Carfax-Besitz ist äußerst bemerkenswert. Ein
großes Haus, das − so vermute ich − aus dem
Mittelalter stammen könnte.

Sie steigen eine Wendeltreppe hinauf. Harker ist überwältigt von den guterhaltenen griechischen und römischen
Stauen, die die Treppe säumen. An den Wänden hängen
alte, museumsreife Waffen in Hülle und Fülle.
Ritterrüstungen stehen herum.

DRACULA
Ein Haus kann nicht an einem Tag wohnlich ein-
gerichtet werden; und dann − wie viele Tage gehen
dahin, bis ein Jahrhundert um ist.

Dracula verschwindet aus dem Bild, und Harker folgt ihm
− doch dann taucht Dracula plötzlich hinter ihm auf und
führt ihn nun einen anderen Weg.

DRACULA
Ich stamme aus einer sehr alten Familie − und in
einem neuen Haus zu leben würde meinen Tod
bedeuten.

Totale/Obersicht
Das zerstörte Bildnis eines Kampfes ist in der Mitte des
Mosaikbodens zu sehen. Ein großer Steinblock ist auf dem
Boden zerschellt. Man sieht das Mosaik eines gewaltigen
Kreuzes, zerbrochen und mit Kratern übersät. Dracula und
Harker schreiten darüber hinweg. (Musik aus.)

[Große Halle — Nacht]

Totale
Harker hat an einem großen Tisch Platz genommen, der
mit einem üppigen Mahl für eine Person gedeckt ist. Im
Hintergrund ein Kamin. Meisterwerke der europäischen
Kunst und mittelalterliche Wandteppiche unterstreichen die
Eleganz der Einrichtung.

DRACULA
    Sie werden verzeihen, daß ich nicht mit Ihnen esse,
    aber ich habe schon zu Abend gespeist und ich trinke
    niemals . . . Wein.
Er schenkt Harper ein Glas ein.

Halbnah auf Harker

HARKER
    Das ist ein persischer Kelch — nicht wahr? Ein sehr
    schönes Stück, Graf. Eines Königs würdig.

Von unten — an Harker vorbei auf Dracula
Er tritt zurück und lehnt sich an die Wand, während er
Harker betrachtet.

Zurück auf Harker
Er blickt sich voller Staunen im Raum um und bemerkt ein
altes Gemälde:

99

Sein P. O. V. − das Bild
Der junge Krieger Dracula, er trägt die Insignien des
Königs.

HARKER
Ein Vorfahre? Mir scheint, er ähnelt Ihnen.

Halbnah auf Dracula

DRACULA
Der Orden von Dracula, dem Drachen. Ein alter
Kriegerbund, der meine Vorfahren verpflichtete, die
Kirche gegen die Feinde Christi zu verteidigen.
(lächelt freudlos)
Leider war diese Beziehung nicht besonders...
erfolgreich.

Harker lacht gezwungen, er versucht, höflich zu sein.
Dracula zieht ein gewaltiges Schwert, läßt es durch die
Luft sausen und versetzt Harker damit in Schrecken.

DRACULA
Sie dürfen nicht darüber lachen! Wir, das Geschlecht
der Dracul, haben ein Recht darauf, stolz zu sein! Welcher Teufel oder welche Hexe war denn schon so
bedeutend wie Attila, dessen Blut in meinen Adern
fließt!

Zurück auf Harker
Seine angstvolle Reaktion.

Weiter auf Dracula
Gebeugt − traurig −

DRACULA
Doch Blut ist ein zu kostbares Ding in dieser Zeit.

In Draculas Händen: Blut ist ein zu kostbares Ding in dieser Zeit.

Er zieht das Schwert über seine eigene Handfläche, bis Blut zu sehen ist. Gierig starrt er darauf, dann schließt er die Hand zur Faust.

Dracula
(fährt fort)
> Die kriegerischen Zeiten sind vorbei. Die Siege meiner hehren Vorfahren sind nur noch eine Sage, die zur Erzählung taugt... ich bin der letzte meines Geschlechts.

Auf Harker
Er ist aufgestanden. Die Kamera schwenkt nach oben.

HARKER
Ich habe Sie durch meine Ignoranz beleidigt, Graf.
Vergeben Sie mir.

Dracula kommt in die Zweier-Einstellung hinein. Er verbeugt sich, akzeptiert die Entschuldigung.

DRACULA
Vergeben Sie mir, *mein* junger Freund. Ich bin . . .
Gäste nicht gewöhnt. Und mein Herz ist müde, nach-
dem es all die Jahre um die Toten getrauert hat.

Überblendung zu: [Große Halle − Nacht − Später]

Großaufnahme
Draculas weiße Hand, seine langen Nägel sind nach
orientalischer Mode zu spitzen Krallen gefeilt.

Mehrfachüberblendung:
Ein großes Gefäß mit Tinte. Eine kunstvolle Signatur,
›Voivodul Vlad Draculea‹ auf einer Verkaufsurkunde. Ein
Bild von Carfax.

DRACULA (Off)
> Ich sehne mich danach, in den belebten Straßen Ihres
> ungeheuren London zu spazieren, mitten in dem
> Getriebe und Gewühle der Menschen — teilzunehmen
> an ihrem Leben, ihren Schicksalen und ihrem Tod...

Untersicht
Dracula steht auf der linken Seite des Tisches, mit dem
Rücken zum Kamin; Harker sitzt am Tisch. Man sieht
einen großen Stadtplan von London an der Wand hinter
Harker, und Draculas Schatten auf dem Plan. Dracula geht
auf die Karte zu, die Kamera fährt über den Tisch mit.
Harker setzt ein heißes Wachssiegel auf die Urkunde.

HARKER
> So! Sie, Herr Graf, sind nun Eigentümer der Abtei
> Carfax in Purfleet. Ich gratuliere.

Er wendet sich Dracula zu — doch der ist verschwunden,
aber sein Schatten auf dem Stadtplan verändert sich auf
groteske Weise. Die Kamera schwenkt mit Harker, als er
sich umdreht — und Dracula auf der anderen Seite stehen
sieht. Harker wendet sich ihm zu und streckt seine Hand
zum Glückwunsch aus. Dracula öffnet seine Hände und
macht eine Verbeugung.

Nahaufnahme Harker
Er versucht, seinen Schreck zu verbergen.

Großaufnahme
Draculas Hände. Seidige Haare säumen seine Handflächen.

Halbnah auf Dracula
Schwenk mit ihm zum Londoner Stadtplan, auf dem ein
roter Kreis eingezeichnet ist.

Großaufnahme − der Stadtplan
Abtei Carfax; daneben eine Aufnahme von Renfield, dem
Makler.

Dracula
Ihre Firma rühmt Ihr Talent über alles, sie schrieben
mir, Sie seien ein Mann mit einem ausgezeichneten . . .
Geschmack.
(er freut sich an dem geheimen Witz)
Sie seien ein ›würdiger Ersatz‹ für Ihren Vorgänger,
Mr. Renfield . . .

Draculas P. O. V. − über Harker hinweg
der die fotografischen Platten auf dem Tisch ordnet.

Harker
(greift das Kompliment begierig auf)
Ja, ich bin jetzt in allen Belangen der Nachfolger von
Mr. Renfield. Verzeihen Sie meine Neugier − aber
jene Abtei Carfax, die Sie erworben haben, ist eine
Ruine. Bevor Sie sich dort niederlassen könnten, wäre
eine Renovierung erforderlich. Haben Sie vor, bald
nach London zu reisen, Graf?

Harker dreht sich zu der Karte um (wobei er sich rechts
aus dem Bild bewegt). Die Kamera fährt langsam auf den
Tisch zu: man sieht den Schatten von Draculas Hand, die
plötzlich die Tinte umstößt. Die Kamera rückt näher, und
man sieht einen Fleck blutroter Tinte neben der Fotoplatte
von Mina.

Halbnah auf Dracula
Die Kamera fährt langsam auf Dracula zu, der gebannt
Minas Bild betrachtet − so still, daß er wie versteinert
wirkt.

Schloss und Krypta: Entwürfe und Baustile

Coppolas *Dracula* wurde fast ausschließlich im Studio gedreht. Außenaufnahmen waren selten, sowohl um das Budget nicht zu überschreiten, wie auch aus stilistischen Gründen. »So konnten wir die ganze Sache etwas abenteuer-

licher angehen«, sagt Coppola. »Wir konnten alle Szenen und Schauplätze auf eine ungewöhnliche künstlerische und wunderbare Weise gestalten.«

Am Anfang hatte Coppola sich vorgenommen, den Film recht radikal anzugehen: Alle Kulissen sollten aus schwarzen Vorhängen, Polstern und Projektionen bestehen. Die außergewöhnlichen Kostüme sollten die nötige Stimmung schaffen. Aber selbst als diese Idee fallengelassen wurde und man auf mehr konventionelle Szenenbilder zurückgriff,

Die Kulisse von Schloß Dracula. Eine Stahlkonstruktion stützt die ruine aus dem 19. Jahrhundert.

betonte der Regisseur, er wolle »keine Ausstattung haben, die die Realität nachbildet« — so wie sie üblicherweise in historischen Kostümfilmen zu finden ist. Er suchte nach einer poetischeren und gefühlsbetonteren Möglichkeit, die Handlungsschauplätze darzustellen. »Vor allem Raum und Schatten sollten so benutzt werden, daß sie die Phantasie stark anregen.« Ein Schlüsselkonzept war die sogenannte »*schwarze Vorhölle*« — Räume von tiefem Schatten hinter den beleuchteten Teilen der Kulissen, die eine unendliche Weite hinter dem untoten Dracula vorgaukeln.

Produktionsdesigner Tom Sanders mit einem seiner Modelle.

Produktionsdesigner Tom Sanders sah sich vor ganz ausgefallene Aufgaben gestellt. In *Dracula*, seiner ersten Arbeit als PD, sollte er die kreativen Visionen eines berühmten Regisseurs verwirklichen. Und da seine ersten Entwürfe kein Gefallen gefunden hatten, arbeitete er unter großem Zeitdruck: Seine Mannschaft baute selbst an den Drehtagen noch an den Kulissen und entwarf neue Details. »Wir begannen bei null«, erzählte Sanders. »Er hat uns nur eine Vorgabe gemacht: Es sollte an jeden anderen Draculafilm erinnern — und doch etwas völlig Neues, Unbekanntes sein. Ideen lieferten uns Francis' Aufzeichnungen und einige Gemälde der Symbolisten.«

WIDERSTAND – DAS DUNKLE IDOL, ein Gemälde des Symbolisten Frantisek Kupka, diente als Vorbild für das Äußere von Schloß Dracula. (Narodní Galerie, Prag)

Sanders war gerade erst mit seiner Arbeit für Stephen Spielbergs *Hook* fertig und in die Sony Studios (die berühmten ehemaligen MGM Studios) zurückgekehrt, als die Vorbereitungen für *Dracula* begannen – es war tatsächlich so, daß er die Kulisse für *Hook* zu Brennholz verarbeiten mußte, um Platz für seine neuen Entwürfe zu schaffen. Es mußten 58 verschiedene Bühnenbilder auf 6 Bühnen geschaffen werden.

»Wir hatten gar nicht die Zeit, vorläufige Zeichnungen anzufertigen«, meint Sanders, »also habe ich detailgetreue Modelle der Kulissen gebaut und mich während der ganzen Filmarbeit an ihnen orientiert.«

Sanders schätzt, daß seine Mannschaft aus bis zu 150 Künstlern bestand, die alle zusammenarbeiteten, um das ehrgeizige Projekt zu realisieren. »Wir hatten Tischler, Maurer, Bildhauer, Modellierer und viele andere. Nur eine Zusammenarbeit zwischen all diesen Handwerkern führt zu einem Erfolg. In diesem Film haben wir jedes Bühnenbild drei- oder viermal umgewandelt. Wir waren gerade dabei, etwas aufzubauen, und schon überlegten und planten wir, wie wir es umändern könnten.«

Schloß Dracula war vielleicht der wichtigste Entwurf des ganzen Films, und Coppola hatte einige ganz bestimmte

Ideen, was diese Kulisse betraf. »Wie wäre es, wenn Draculas Schloß teilweise verfallen ist – wenn einige seiner Teile zusammengebrochen wären und man modernere Strukturen zu seiner Abstützung verwendet hätte? Vielleicht engagierte Dracula, der immer auf der Höhe der technischen Entwicklung seiner Zeit war, jemanden wie Gustave Eiffel, um sein Schloß abzustützen?«

Diese Idee wurde in dem bemerkenswerten Äußeren des Filmschlosses umgesetzt.

Sanders erzählt: »In der realen Welt, in Hillingham, haben wir alle Elemente sehr realistisch gehalten. Aber wann immer Dracula auftaucht, haben wir die Architektur ›verdreht‹. In dem Moment, in dem man in Draculas Schloß tritt, ist man verloren. Es ist dort drin wie in einer anderen Dimension.«

Für die Kapelle, in der der größte Teil des Prologs spielt, wurden zwei Kulissen benötigt. Auf einer hohen Platt- form baute man sie so

auf, wie sie im Jahre 1462 ursprünglich ausgesehen hatte. Als- dann die eigentliche Handlung 400 Jahre später wieder einsetzt, ist aus der Kapelle die sumpfige Unterwelt gepfählter Opfer gewor- den. Die halbzerfallenen Wände werden durch Stahlgerüste zusammen- gehalten, die Steine sind von der Zeit geschwärzt.

Wie alle Leute, die bei

Vorläufiger Entwurf des Schloßturmes.

diesem Film Schlüssel-
positionen innehatten,
profitierte auch Sanders
von Coppolas Freude am
Experimentieren. »Francis
hat uns ermutigt,
verschiedene Dinge
durchzuprobieren. Er hat
von Anfang an gesagt,
›macht euch keine
Sorgen darum, schlecht
dazustehen — wenn
irgend jemand schlecht
dasteht, dann werde ich
das sein‹.«

Fotoplatte von Mina Murray

DRACULA
(flüstert mit leidenschaftlicher Stimme)
   Sie haben es erraten, mein junger Freund. Glauben
   Sie an das Schicksal?

Großaufnahme — Fotoplatte von Mina
Es sind einige kleine Tintenflecke darauf. Draculas
wolfsähnliche Hand schließt sich um die Aufnahme.

Zweier-Einstellung — Dracula und Harker
Dracula steht im Vordergrund und starrt auf die Fotoplatte,
Harker ist im Hintergrund.

DRACULA
Daß sogar der mächtige Fluß der Zeit für ein einziges
Ziel verändert werden kann —
(Pause)
Der glücklichste Mann auf Erden ist der, der — die
wahre Liebe findet.

Er wendet sich ab, um seine leidenschaftliche Reaktion auf
das Bild zu verbergen. Harker kommt zum Tisch zurück.

HARKER
(ist verlegen, er untersucht seine Taschen)
Oh — Sie haben — Mina gefunden. Ich dachte schon,
ich hätte sie verloren. Wenn ich zurückkehre, wollen
wir beide heiraten.

Die Kamera fährt zurück und man sieht, wie Draculas
Schatten wächst und eine Bewegung macht, als wolle er
Harker erwürgen. Man hört das Rascheln von Frauenkleidern und leises Lachen. Harker blickt sich im Zimmer
um — aber er sieht nichts. Dracula scheint nichts bemerkt
zu haben.

HARKER
Sind Sie verheiratet? Graf — Sir — sind sie
verheiratet?

Nahaufnahme Dracula
Harker im Hintergrund.

DRACULA
Ich war verheiratet... es scheint eine Ewigkeit her zu
sein. Sie ist gestorben...

HARKER
Das tut mir sehr leid.

DRACULA

Sie hat Glück gehabt. Mein Leben hingegen ist besten-
falls ein . . . Elend.

(er gibt Harker die Fotoplatte zurück)

Sie wird Ihnen zweifellos eine gute Ehefrau sein. Und
sie ein treuer Ehemann.

Halbtotale (Rücklauf)
Dracula ändert seinen Ausdruck, ist plötzlich wieder ganz
Geschäftsmann.

DRACULA

Und nun, mein Freund, schreiben Sie Ihrem Büro und
an alle, die Sie . . . lieben, und teilen ihnen mit, daß
Sie mit Freuden einen ganzen Monat hier verbringen
würden.

HARKER

(ist sehr erstaunt)

Einen ganzen Monat? Sie möchten, daß ich so lange
bleibe?

DRACULA

Es ist mein innigster Wunsch. Sie werden mir vieles
über London erzählen können und über andere interessante Dinge, die ich gern ergründen würde — mit
Hilfe Ihres . . . Talents. Eine Absage lasse ich nicht
gelten.

Dracula verläßt hinter Harkers Rücken die Szene; die
Kamera fährt schnell zurück und läßt einen völlig über-
raschten Harker zurück. (Draculas Schatten wird größer
und größer — *bis zu schwarz* —, und dann ist er
verschwunden).

Schnitt: [Landhaus Hillingham – Tag]

Die Kamera zeigt eine Außenaufnahme des Besitztums. Dann als Überblendung ein Tagebuch, das mit einer altmodischen Schreibmaschine geschrieben wurde.

VAN HELSINGS STIMME
Aus dem Tagebuch von Miss Wilhelmina Murray, ein Eintrag vom 30. Mai 1897:

Mina Murray an ihrer Schreibmaschine

Überblendung zu: [Hillingham-Haus — Wintergarten — Tag]

Totale
Mina sitzt am Tisch und tippt. Rücken zum Betrachter. Die Kamera führt auf ihre Hände:

MINAS STIMME
Ich bin auf ein paar Wochen zu Besuch in Hillingham, dem Haus meiner reichen Freundin Lucy Westenra. Obwohl ich nur eine Lehrerin bin und sie eine Adlige, haben wir zusammen gelacht und geweint, seit wir Kinder waren, und jetzt träumen wir davon, unsere Hochzeit gemeinsam zu feiern.

Halbnah auf Mina
Ihre Lehrerinnenkleidung ist so beschaffen, daß sie keine Sinnlichkeit ausstrahlen soll. Ihre Augen schweifen ab zu einem Buch, das aufgeschlagen neben ihr liegt.

Großaufnahme der Schreibmaschinentastatur
Die Typen werden hämmernd angeschlagen. Kameraschwenk zu dem Buch neben ihr — ›Arabian Nights‹ von Sir Richard Burton — während sie eine Seite umblättert.

MINA
Oh . . . so etwas Unanständiges . . .

LUCY (Off)
Mina! Mina!

Lucy betritt den Raum
außer Atem. Sie ist zwanzig, reich, kokett und verdorben. Kameraschwenk mit Lucy zu Mina.

LUCY

Oh, nein! Immer mußt du arbeiten. Zwingt dich dein
ehrgeiziger Jon Harker etwa dazu, diese lächerliche
Maschine zu lernen — statt daß er dich dazu bringt,
unaussprechliche Akte der Leidenschaft auf dem
Fußboden des Salons zu vollziehen?

Über Lucy hinweg nah auf Mina

MINA

Wirklich, Lucy — du solltest nicht so über meinen
Verlobten reden. Es ist mehr an der Ehe als nur das
sinnliche Vergnügen.

Halbtotale — Zweier-Einstellung
Mina steht auf — und das Buch fällt zu Boden.

LUCY

Ich versteh' schon ... viel, viel mehr. Zeig' mir doch
mal die Bilder!
Die beiden Mädchen brechen in Lachen aus. Sie sitzen auf
dem Fußboden und blättern atemlos in den Seiten, um
sich die Radierungen anzusehen.

Großaufnahme — über die beiden Mädchen
auf das offene Buch.

MINA

Er ist so entsetzlich groß —

LUCY

Sie können noch viel größer werden.

Zurück in die Zweier-Einstellung
Lucy zeichnet mit den Händen eine imaginäre Form. Mina
schaut entgeistert zu.

119

Eingangshalle von Hillingham.

Mina und Lucy Blättern in TAUSENDUNDEINER NACHT

MINA
Lucy! Können ein Mann und eine Frau wirklich —
(sie sucht nach einem bestimmten Bild)
das tun?

LUCY
Natürlich — ich hab's gerade letzte Nacht...

MINA
Schwindlerin – hast du nicht.

LUCY
Hab' ich doch . . . Nämlich geträumt.

Beide lachen – Mina ist nachdenklich geworden.

LUCY
Jonathan . . . taut allmählich auf, oder? Du kannst es Lucy ruhig erzählen.

MINA
Wir haben uns geküßt, nichts weiter.
(sie lächelt)
Er glaubt, er sei zu arm, um mich zu heiraten. Er will mir einen teuren Ring kaufen, und ich versuche ihm zu erklären, daß es darauf nicht ankommt. Und was es noch schlimmer macht – daß ich jetzt in Hilling-ham zu Besuch bin . . . bei meiner ›reichen‹ Freundin.

LUCY
(voller Bewunderung)
O Mina, du bist das prächtigste Mädel der Welt!

MINA
Und du bist das Mädchen, dem die Männer zu Hunderten zu Füßen liegen . . .

LUCY
– aber keiner macht mir einen Heiratsantrag. Und hier sitz' ich nun und bin schon fast zwanzig – eine alte Hexe sozusagen.

Die Party in Hillingham ist sehr ruhig und ernst — allerdings nicht für Lucy und Quincey, die auf einer Couch miteinander flirten (rechts). Die Designer verzichteten darauf, mit viktorianischen Stilelementen zu protzen, so daß die Kostüme gut zur Geltung kommen.

Abblende. Aufblende: [Hillingham — Salon — Abend]

Halbtotale
Ein kleines Fest beginnt. Eine Harfenistin spielt ausgewählte Stücke von Gilbert und Sullivan. Lucy eilt zu Mina, die im Abendkleid am Fenster steht.

LUCY
  O Mina, ich bin ja so glücklich, ich kann es gar nicht fassen. Ich glaube, heute abend werde ich drei Heiratsanträge bekommen. Hoffentlich bleibt dann noch etwas von mir übrig! Schau nur.

Hobbs, der Butler, verkündet laut den Namen eines
Gastes, der gerade eingetreten ist.

HOBBS
   Mister Quincey P. Morris!

P. O. V. der Mädchen
Quincey Morris ist ein gutaussehender junger Mann. Er
hält einen breitkrempigen Hut in der Hand, trägt Cowboy-
stiefel und ein besticktes Hemd unter seiner Weste. Hobbs
versucht ihm den Hut abzunehmen, aber der grinsende
Quincey gibt ihn nicht her.

125

Zweier-Einstellung/Nah — die Mädchen

MINA
Wer ist das?

LUCY
Ein Texaner. Quincey P. Morris. Er ist so jung und
stark — wie ein wilder Hengst zwischen meinen
Beinen.

Quincey schlendert an einem überladenen kalten Büffet
vorbei, zupft ein Häppchen von einer Platte, wirft es in die
Luft und fängt es mit seinem Mund auf — zum Entsetzen
(oder heimlichen Vergnügen) der Zuschauer.

MINA
(lacht)
Du bist wirklich unanständig.

LUCY
Ich weiß eben, was Männer wollen. Paß auf!

Lucy eilt zu ihrem Texaner, Mina schaut ihnen zu.

Minas P. O. V. — Lucy und Quincey

LUCY
Quincey!

QUINCEY
(küßt ihre Hand)
Miss Lucy! Sie sind ja so frisch wie der Regen im
Frühling!

LUCY
Quincey, bitte — darf ich es berühren? Es ist so groß.

126

Spielerisch greift sie ihm an die Hose. Langsam zieht sie
sein großes Bowiemesser heraus und streichelt es
verführerisch. Dann küßt sie ihn leidenschaftlich und zieht
ihn zu ihren nackten Schultern, zu ihrer Brust herunter.

Blick auf die Diener
Sie sind schockiert.

Zurück auf Mina
die über Lucys Possen lacht.

Auf Lucy und Quincey
Er führt sie zu einem Sofa.

QUINCEY
Mein süßes Mädchen . . . o mein liebes süßes
Mädchen . . .

LUCY
O Quincey, du bist so, lieb und süß . . .

Auf Mina
Sie dreht sich um und blickt zur Eingangshalle.

Minas P. O. V. − die Eingangshalle
Jack Seward tritt gerade ein; er ist Anfang Dreißig, ein
eingeschworener ›workaholic‹. Nervös reinigt er seine
Nägel mit einer chirurgischen Lanzette.

HOBBS
Dr. Jack Seward!

Einblendung:
Minas getipptes Tagebuch. (Musikeinsatz zum Anschlagen
der Tasten.)

ARABISCHE NÄCHTE IN VIKTORIANISCHEN FRÜHSTÜCKSZIMMERN

Garrett Lewis Szenenbild: Hillingham Salon.

In der Szene, in der Mina und Lucy angeregt in einer Ausgabe von *Tausendundeiner Nacht* blättern, werden wir sofort an die asiatische Atmosphäre von Bram Stokers Roman erinnert, an seinen transsilvanischen Schauplatz und an die viktorianische Kultur. In einer der ersten Drehbuchbesprechungen sagte Francis Coppola: »Die Mädchen sind also angenehm erregt und sprechen über ihr Erwachsenwerden... Wir werden diese Charaktere im London des Jahres 1897 vorstellen, im Kontext der Phantasien aus *Tausendundeiner Nacht*, wo Männer noch Männer und Frauen und Mädchen noch Sklaven sind.«

Coppola vermerkt in seinem Tagebuch, daß die Gegend, aus der Dracula stammt, »viele verschiedene Nationalitäten beherbergte. Hier stieß das Ottomanische Reich mit dem Heiligen Römischen Reich zusammen.«

Es war die Aufgabe des Designers Tom Sanders, dieses Aufeinanderprallen von Ost und West bildlich darzustellen. Unterstützt wurde er dabei besonders von Kostümdesignerin Eiko Ishioka, die ihr eigenes Erbe und ihre internationale Erfahrung mit einbrachte.

Diese Vermischung der Kulturen wird in vielen Dingen sichtbar: Mosaiken und Ikonen der Ostorthodoxen Kirche wurden nachgebildet; Kostüme spiegeln in vielen Details, in ihren Farben und in ihrem Gewebe byzantinisches Dekor wider; später im Film benutzte man Felle, um einen russischen Einfluß anzudeuten.

Das viktorianische England steckte in einem einengenden moralischen Korsett; kein Wunder, daß es vom sinnlichen Orient und der Freiheit, die er versprach, fasziniert war. *Tausendundeine Nacht*, sowie sein Übersetzer Sir Richard Burton, ein Forschungsreisender in Sachen Hedonismus, provozierten mehr als einen Skandal. Viele Gemälde des *fin de siècle* »zeigen byzantinische Einflüsse«, wie Coppola bemerkt.

Bram Stoker traf Burton im Jahre 1880 und schrieb, daß er beeindruckt war: »Nicht nur von Burtons Berichten, sondern auch von seiner äußeren Erscheinung – besonders von seinen spitzen Eckzähnen.« So wird er zumindest in *Auf der Suche nach Dracula* zitiert. *Tausendundeine Nacht* enthält eine Vampirgeschichte, und Burton hat auch einige hinduistische Erzählungen übersetzt, in denen Vampire vorkommen. In Bram Stokers *Dracula* findet sich eine Huldigung an dieses Vorbild. Jonathan Harker kommentiert seinen grausigen Aufenthalt in Draculas Schloß mit den Worten: »Dieses Tagebuch zeigt eine erstaunliche Ähnlichkeit mit den Geschichten aus ›Tausendundeiner Nacht‹, denn alles muß beim Hahnenschrei zu Ende sein.«

Brief von Quincey P. Morris
an seine Ehren Arthur Holmwood

25. Mai

Mein lieber Art,

wir haben uns an so manchen Lagerfeuern in der Prärie Geschichten erzählt; wir haben uns gegenseitig unsere Wunden verbunden, nachdem wir versucht hatten, auf den Marquesas zu landen; und wir haben an den Stränden des Titicaca auf unser Wohl getrunken. Es gibt noch viele Geschichten, die erzählt werden müssen, viele Wunden, die noch geheilt werden müssen, und noch oft müssen wir auf unsere Gesundheit trinken. Wie wär's? Wollen wir das nicht morgen abend an meinem Lagerfeuer tun? Ich habe absolut keine Skrupel, Dich zu fragen, denn ich weiß, daß eine gewisse Lady ganz mit einer Dinner-party beschäftigt ist, und Du frei bist. Es wird nur noch einen weiteren Gast geben, unseren alten Kumpel aus dem Korea, Jack Seward. Ja, er wird kommen, und wir werden zusammen über einem Becher Wein unser Wehklagen anstimmen und von ganzem Herzen auf das Wohl des glücklichsten Mannes in der großen, weiten Welt trinken, weil es ihm gelungen ist, das nobelste Herz für sich zu gewinnen, das Gott geschaffen hat, und um das zu kämpfen es sich lohnt. Ein herzliches Willkommen und eine nette Begrüßung sind Dir sicher. Und Deine Gesundheit ist bei uns in besten Händen. Wir versprechen Dir, daß wir Dich nicht aus dem Haus lassen, falls Du zu oft auf ein ganz gewisses Paar Augen trinken solltest. Also komm!

Wie immer, Dein
Quincey P. Morris

Minas Stimme
Nummer zwei — der geniale Jack Seward. Er ist ein
vorzüglicher Doktor und leitet selbständig eine gute
Anstalt für Geisteskranke. Das sollte für ihn eine
gute Vorbereitung sein, um sein Leben mit Lucy zu
verbringen.

Schwenk auf Seward: er geht auf Lucy zu, die in seine
Arme eilt.

Lucy
Jack! Einen Ozean voll Liebe, zehntausend Küsse.

Während Seward Lucy begrüßt, bemerkte er Quincey. Er
stolpert und fällt hin. Die Diener helfen ihm auf das Sofa.
Lucy bemuttert ihn wie eine Glucke.

Lucy
Mein armer kleiner Doktor ... mein genialer Doktor.

Seward und Quincey begrüßen sich knapp und kühl.

Lucy
Dein Puls schlägt normal ...

Blick auf Mina
Während sie die kleine Szene beobachtet, hört sie Lärm
von draußen, wendet sich um und schaut hinaus.

Minas P. O. V. aus dem Fenster
Arthur Holmwood steigt aus seiner luxuriösen Kutsche;
reich, gutaussehend, gebieterisch. Er betritt die Eingangshalle.

HOBBS
Arthur Holmwood, Esquire!

MINAS STIMME
Nummer drei − Arthur Holmwood, der zukünftige
Lord Godalming. Es scheint, als ob Quincey, Seward
und Holmwood zusammen auf abenteuerliche Weise
um die ganze Welt gereist sind, und nun haben sie
sich alle drei in dasselbe Mädchen verliebt. Holmwood
tritt ein und wird von Lucy begrüßt; ein dicker Kuß
und kokettes Geplapper.

Blick auf Quincey und Seward
als sie Holmwood erblicken. Seward setzt sich auf
Quinceys Hut. Quincey nimmt den Hut und beult ihn
wieder aus. Lucy bedeutet Mina, sich zu ihnen zu gesellen,
während Holmwood seine Rivalen begrüßt.

MINAS STIMME
Er wäre genau der Richtige für Lucy. Eine ausge-
zeichnete Partie, von edler Abstammung und
schrecklich reich.

Totale − das Fest
Lucy läßt einen ihrer Diamantohrringe fallen. Sie weist
Quincey und Seward an, nach ihm zu suchen, während
sie derweil heimlich Holmwood küßt. Die Männer kriechen
auf dem Boden herum. Quincey kommt wieder zum
Vorschein, mit dem Ohrring in der Hand.

LUCY
Oh, Quincey hat ihn gefunden! Hier hast du deine
Belohnung.
(sie gibt ihm einen Kuß)
Nun werden wir ein wenig im Garten spielen . . .

Ein grotesker Schatten gleitet über die Szene, er wirkt unheilverkündend gegen die Jugend und Leidenschaft Lucys und ihrer Verehrer. Schwenk mit dem Schatten, während er sich bewegt, sich zu Mina wendet und sie einhüllt. Man sieht, daß ihr beklommen zumute ist.

DRACULAS STIMME
(rumänisch)
Du bist die Liebe meines Lebens...

Schnitt: [Schloß Dracula − Außen]

Totale
Die Vorderfront des Schlosses auf dem Schloßfelsen (Maskentrick, etc.). Das alte Schloß ist zum Teil verfallen, wird aber noch durch stählerne Stützen gehalten.

Bildschnitt
Draculas Gesicht mit den brennenden Augen taucht kurz aus dem Schatten auf.

[Gästegemach − Nacht]

Geteiltes Bild
Nahaufnahme: Harkers aufgeschlagenes Tagebuch liegt auf einem Schreibpult. Ein kleiner Schatten − er hat die Form von Schloß Dracula − liegt über dem Buch. Rechts davon sieht man in einiger Entfernung Harker nahe beim Fenster stehen; vor ihm eine Waschschüssel, er rasiert sich.

VIKTORIANISCHE DRAUFGÄNGER: DIE DREI VERFOLGER

Bram Stokers Dracula ist reich an Charakteren und verschiedenen Handlungssträngen, die noch nie zuvor auf der Leinwand dargestellt worden sind. Mit am bemerkenswertesten sind jene drei jungen Männer, die ihre Leidenschaft fürs Abenteuer und für die schöne Lucy Westenra teilen.

Quincey Morris, Lord Arthur Holmwood und Dr. Jack Seward sind wohlbetuchte Gentlemen, die einander während ihrer gemeinsamen Reisen zu exotischen Schauplätzen recht vertraut geworden sind. Im Roman finden sich immer wieder Bezüge auf ihre Taten. Und doch sind sie von sehr unterschiedlichem Wesen: Quincey ist ein Viehbaron aus Texas, ein unbeschwerter amerikanischer Aristokrat, während Holmwood ein etwas steifer englischer Adliger ist. Der etwas ältere Seward — der »brillante Jack«, wie Lucy ihn zu nennen pflegt — leitet eine Irrenanstalt, was seinem nachdenklichen, manchmal etwas melancholischen Wesen entspricht.

»Alle Personen in unserem Film entsprechen, was ihren Charakter und ihre Handlungen angeht, genau den Personen des Romans«, bemerkt Francis Coppola. »Mit Quincey, der dem Bild des jungen reichen Amerikaners entspricht, wie man es um 1890 in London hatte, kommt ein ungewöhnlicher Gesichtspunkt in die Handlung. ... Dr. Seward ist eine faszinierende Figur, die dennoch nie genau porträtiert wird, obwohl er in mehr als der Hälfte des Buches erscheint.«

Seward wird von Richard E. Grant dargestellt, der vor

Von links: Sadie Frost als Lucy Westenra, Richard E. Grant als Dr. Jack Seward, Cary Elwes als Arthur Holmwood und Bill Campbell als Quincey Morris.

kurzem als britischer Regisseur in Robert Altmans »The Player« zu sehen war. Er ist in Südafrika geboren und spielte in Filmen wie »L. A. Story«, »Henry and June« und in »Mountains of the Moon« mit; in England ist er auch für seine Bühnen- und Fernseharbeit bekannt. »Ich glaube«, sagt er, »Francis stellt sich Seward als jemanden vor, der selbst am Rand des Wahnsinns steht aufgrund seiner unerwidert bleibenden Liebe und seiner Drogensucht.

Der Zuschauer soll in Unsicherheit darüber gelassen werden, wer denn nun verrückter ist: Der Mann, der eine Irrenanstalt leitet, oder die Insassen dieser Anstalt.«

Arthur Holmwood wird von dem aus England ausgewanderten Schauspieler Cary Elwes dargestellt, der seine erste größere Rolle in »The Princess Bride« hatte. Er ist mit der Royal Shakespeare Company aufgetreten und spielte weitere Rollen in »Glory«, »Days of Thunder« und dem Nonsense-Film »Hot Shots!«

»Holmwood ist ungestüm und daran gewöhnt, immer seinen Willen zu bekommen«, sagt Elwes über seine Rolle. »Der Tod seiner Verlobten war ein Trauma für ihn, und als die Welt um ihn herum beginnt zusammenzubrechen, muß er sich ändern. Er repräsentiert Ordnung, wie man sie auch in Hillingham sieht, aber in dem Augenblick, als Dracula die Szene betritt, gerät alles in Unordnung, auch Holmwoods Verstand.«

Nach seinem Debüt in einer Hauptrolle in dem Spielfilm »The Rocketeer« erhielt Bill Campbell die Rolle als Quincey Morris in »Dracula«. Bis dahin hatte er Gastrollen und auch feste Rollen in verschiedenen TV-Serien; auf der Bühne spielte er sowohl in Shakespeare-Stücken als auch in musikalischen Komödien mit. Nachdem er die Arbeit für »Dracula« beendet hatte, kehrte er wegen einer Broadway-Aufführung von »Hamlet« nach New York zurück. Coppola fand in ihm den »natürlichen jungen Texaner«, nach dem er für Quincey gesucht hatte — »jemanden mit einer wunderbaren Persönlichkeit, der auch in der Lage ist, die Komik der Rolle zu erfassen.« Campbell sieht Quincey in der Dreierbeziehung als denjenigen, »der sie alle zusammenhält. Wissen Sie noch? Damals, als Sie jung waren, gab es doch auch stets einen Burschen, der immer den Baseballschläger und den Handschuh und den Ball hatte.«

Die jungen Schauspieler hatten alle viel Spaß bei der Vorbereitung für den Film und in der Drehzeit. Während der Proben in seinem Haus im Napa Valley schickte Coppola sie zusammen zum Ballonfahren oder zum Ausreiten, damit sie auch ein gewisses Gemeinschaftsgefühl entwickelten. Aber in all ihren Rollen gibt es auch eine dunklere Unterströmung. Richard E. Grant hat festgestellt, daß »Francis vor allem die Besessenheit der einzelnen Charaktere heraushebt. Und bei jedem zeigen unerwiderte Liebe und Verlangen eine andere Wirkung.«

HARKERS STIMME

30. Mai. Schloß Dracula. Ich bin voller Zweifel; ich
fürchte das Schlimmste; ich habe seltsame Gedanken,
die ich nicht einmal einer eigenen Seele zu beichten
wage. Ich wünschte, ich wäre diesem Ort glücklich
entronnen, oder ich wäre nie hierhergekommen. Der
Graf hat etwas Unheimliches an sich. Die Art, wie er
Minas Bild angeschaut hat, erfüllt mich mit einer
düsteren Vorahnung; als ob ich in einer Geschichte
mitspielen soll, die ich nicht kenne.

Nahaufnahme — Draculas Hand
die sich auf Harker zubewegt, vor Erwartung zuckend —

Nahaufnahme (Trick)
Über Harkers Schulter hinweg in den Spiegel. Man sieht,
wie sich Draculas Hand sanft auf Harkers Schulter legt,
aber man sieht es nicht im Spiegel.

Nahaufnahme Harker
Er dreht sich entsetzt um.

HARKER

Ich habe Sie nicht hereinkommen hören.

Harkers P. O. V. — über die Schulter
Dracula steht weit entfernt von ihm an der Tür! Er hält
einige Bettlaken in der Hand und legt sie aufs Bett. Dann
bewegt er sich sehr schnell (aber ohne einen Schritt zu
tun) in eine Zweier-Einstellung mit Harker. Harker wendet
sich wieder dem Spiegel zu, voller Erstaunen, daß er
niemanden hinter sich gesehen hat.

DRACULA

Sie sollten darauf achten, sich beim Rasieren nicht zu
schneiden — es ist gefährlicher, als Sie denken.

Dracula genießt den Geschmack von Harkers Blut.

Großaufnahme im Spiegel (Trick)
Der Spiegel implodiert auf magische Weise, als Dracula sein Gesicht davor abschirmt.

DRACULA
　Ein schlechtes Spielzeug der menschlichen Eitelkeit. Vielleicht sollten Sie... sich einen Bart wachsen lassen.

Halbnah — über Dracula hinweg auf Harker
Dracula reißt Harker die blutbefleckte Rasierklinge aus der Hand, wendet sich ab und leckt die Klinge mit einem eleganten Schwung seiner Zunge (die Harker nicht sieht) ab. In geradezu sinnlicher Weise kostet er von dem Blut.

DRACULA
    Ich hatte Sie doch gebeten, ein paar Briefe zu schreiben ...

Harker händigt ihm widerstrebend die Briefe aus. Dracula blättert sie ungeduldig durch, hält bei dem Umschlag inne, der Minas Namen trägt.

DRACULA
    Gut.

Aufsicht

Er fängt an, Harker, der vor Furcht wie gelähmt ist, zu
rasieren. Die Kamera ›stürzt‹ in eine Zweier-Einstellung
(*von unten*), während die Wände langsam näher rücken.

DRACULA
Sollten Sie dieses Zimmer verlassen, versuchen Sie
unter keinen Umständen, in einem anderen Teil des
Schlosses zu schlafen. Das Schloß ist alt, und es birgt
böse Erinnerungen. Seien Sie gewarnt!

Großaufnahme
Das Rasiermesser — das Kruzifix spiegelt sich darin.

HARKER
Ich habe verstanden.

Großaufnahme Dracula
Er starrt auf das Kruzifix, seine Augen blitzen. Er läßt
Harker los und tritt einen Schritt zurück.
(Die Wände fahren wieder zurück.)

DRACULA
Verlassen Sie sich nicht allzusehr auf diese trüge-
rischen Schmuckstücke. Wir sind hier in Transsilvanien,
und Transsilvanien ist nicht England. Unsere Wege
sind nicht die Ihrigen, und Sie mögen hier noch viele
seltsame Dinge erleben.

Auf Harker
Harker dreht sich um, bewegt sich aufs Fenster zu, will nur
noch fliehen. Sein P. O. V.: der Hof tief unter ihm. In der
Ferne hört man Wölfe heulen.

WIE MAN DIE MAGIE
ALTER FILME WIEDERERWECKT

Da er ein übernatürliches Wesen ist, kann Dracula sich fortbewegen, ohne daß er wie andere seine Füße dafür benutzen muß; er kann seine Erscheinungsform ändern und verschwinden; er hat kein Spiegelbild.

Stokers Roman ist voller übernatürlicher Phänomene wie in der Luft schwebender blauer Flammen und Monster, die sich aus Nebel formen. »In »Dracula« hat Coppola sich bemüht, Wege zu finden, wie er

magische Special effects schaffen kann, ohne sich der glatten High-Tech-Möglichkeiten von Computertricks, *Morphing* oder *Blue Screen* allzu sehr zu bedienen.

»Wir hatten nicht das Budget, um mit den großen Filmen mitzuhalten, die elektronische und Computer-Effekte benutzen«, sagte Coppola. »Deshalb haben wir uns entschlossen, unsere eigenen einfachen Tricks zu benutzen, und das verleiht dem Film fast etwas Mythisches.«

Er bezieht sich damit auf die ganze Fülle jener Techniken, die aus der Frühzeit des Films stammen. Der Beginn des Filmzeitalters fiel zusammen mit der Zeit, in der die Dracula-Geschichte spielt, und Coppola bedient sich dieser alten Techniken bei seinem Versuch, die Geschichte umzusetzen.

Aus Cocteaus Film
DIE SCHÖNE UND DAS BIEST
der als Anregung für Filmausstattung und Filmeffekte diente.

Dieser »Dracula« entstammt der Zeit der Magie und der Illusion, der Rauchschwaden und der Spiegel.

Besonders eng hat Coppola bei diesem Experiment mit seinem Sohn Roman zusammengearbeitet, der für die visuellen Effekte verantwortlich war. »Roman ist ein Experte für magische und fotografische Effekte«, sagte der Regisseur, »und wir haben uns viele alte Stummfilme zusammen angesehen.«

Auch Alison Savitch, die die visuellen Effekte koordinierte, bemerkte Roman Coppolas Leidenschaft für Tricks, wie man sie in alten Filmen benutzt. »Ich glaube, Roman hat nicht nur jeden einzelnen Film gesehen, der je mit Tricks gearbeitet hat, sondern er hat auch jeden einzelnen Artikel darüber gelesen«, sagt sie. Savitch hatte die Leitung der Trick-Fotografie, während Michael Lantieri für die mechanischen Effekte — die Vorspiegelung bestimmter Dinge vor der Kamera — verantwortlich war.

Zu Roman Coppolas Vorbereitungen gehörte auch, nach alten FX-Ausrüstungen in Filmzubehörläden zu suchen und ältere Spezialisten ausfindig zu machen, die mit den alten Techniken noch vertraut waren. »Viele der viktorianischen Salon-Zauberkunststücke basierten auf optischen Tricks, die in den Filmen weiterentwickelt wurden. Bühnenzauberer gehörten zu den ersten, die sich Projektoren und Kameras kauften«, sagt er. »Wir waren der Meinung, daß es einzigartig sein würde, wenn wir Techniken benutzten, die man seit vielen Jahren nicht mehr in Filmen gesehen hatte.«

Dazu gehört zum Beispiel, den Film rückwärts laufen zu lassen (was eine bestimmte Wirkung auf das Gleichgewichtsempfinden hat, als Lucy sich in ihrem Bett von einer Seite auf die andere wirft), Spielereien mit der Schwerkraft (wenn zum Beispiel ein Tropfen Parfüm im Zimmer der Bräute nach oben schwebt), Mehrfachbilder (wenn Harkers Gesicht und ein Zug in der gleichen Einstellung gezeigt werden). Auch verschiedene Spiegeleffekte wurden ausprobiert, indem Spiegel mit besonderen Winkeln benutzt wurden – das alles geht, wie Roman erklärt, auf eine patentierte Bühnenillusion zurück, die als »Pepper's Ghost« bekannt wurde.

Auch einige der einfachen Effekte waren von klassischen Filmen angeregt. Orson Wells zum Beispiel war ein Meister der Spiegel. Die dramatischen Dunkeleffekte lehnen sich an die Filme der deutschen Expressionisten an: Murnaus »Nosferatu« natürlich und besonders die Filme von G. W. Pabst. Jean Cocteaus »Orpheus« inspirierte zu einer Einstellung, in der live action und eine Hintergrund-Projektion kombiniert werden, als Dracula und Harker sich durch die Eingangshalle des Schlosses bewegen.

Solche »altmodischen« Effekte zu benutzen hat viele Vorteile. Die Wirkungen können sofort durch den Sucher der Kamera abgeschätzt werden, ohne daß man darauf warten muß, daß der Film bearbeitet oder geschnitten wird. »Und außerdem«, zeigt Roman auf, »führen solche Kamera-Techniken, wenn sie das bewirken, was man haben möchte, zu einer besseren Qualität; der Film ist unverfälscht und nicht langwierigen Manipulationen beim Kopieren ausgesetzt.«

Und obendrein hat dies alles auch noch viel Spaß gemacht. Francis Coppola gab der Effekte-Crew die größtmögliche Freiheit. »Macht es nur gruselig«, sagte er, und Alison Savitch erinnert sich: »Francis hat uns überhaupt keine Grenzen gesetzt. Sein Wunsch, alles nur Machbare auszuprobieren, hat uns inspiriert. Und die Freiheit, die er uns gelassen hat, hat uns gezwungen, kreativ zu sein, und das macht großen Spaß, wenn man mit Tricks arbeitet.«

Nahaufnahme Dracula

DRACULA
Hören Sie — die Kinder der Nacht. Welch süße Musik
sie machen.

Zurück auf Harker
der aus dem Fenster schaut. Dreht sich wieder zu Dracula
um. Erschrocken sieht er:

Sein P. O. V. (der Raum wieder in normalen Maßen)
Draculas lange Schleppe windet sich über die Schwelle,
während die Tür von selbst zufällt. Das Schloß schnappt
ein, dann bewegt sich Draculas Schatten durch den Raum.
(Musikeinsatz.)

*Halbnah auf Harker (von außen — große Höhe; später
steht die Kamera auf dem Kopf)*
Er sinkt voller Furcht am Fenster nieder. Ein leichtes
Rascheln draußen schreckt ihn auf. Er dreht sich um und
lehnt sich hinaus, um dem Geräusch auf die Spur zu
kommen. Über seiner Schulter sieht man die steile
Schloßmauer, unten den Fluß. Die Kamera rückt näher
an ein Fenster, aus dem eine dunkle Gestalt hervorkommt:
sie beginnt, kopfunter die Mauer hinunterzuklettern, ihr
Umhang spreizt sich wie ein Paar großer Flügel. Sie zögert
einen Moment, kriecht dann seitlich weiter und huscht wie
eine Eidechse über die mondbeschienene Wand nach
unten.

Halbtotale — Harker
Er zieht den Kopf zurück. Schaut dann wieder hin.

Titelbild einer Dracula-Ausgabe von 1916. David Skal schreibt in HOLLY-WOOD GOTHIC, daß das Bild, wie Dracula die Schloßmauern hinabgleitet, bis 1977 weder für eine Bühnen- noch für eine Filmfassung benutzt wurde.

[Schloßmauer — Nacht]

Harkers P. O. V.
Die Gestalt ist verschwunden. Unmöglich, an so einer
Wand herabzuklettern.

Innen — auf Harker
der in sein Tagebuch schreibt. Er wendet sich ab, und die
Kamera fährt auf das Buch.

[Schloß — Gästegemächer — Nacht]

HARKERS STIMME
    Ich tat, wie Dracula mir befohlen hatte. Ich schrieb
    drei Briefe: einen an die Firma, einen an meine
    Familie und einen an meine geliebte Mina. Ich
    erwähnte meine Angst nicht, denn zweifellos wird er
    die Briefe lesen.

Ein Lichtwechsel, und man sieht Harker bei der Tür
kauern, er versucht, das Schloß aufzubrechen. Schließlich
knackt es und gibt nach.

[Korridor im Schloß — Nacht]

Kamerafahrt (amerikanische Einstellung)
vor Harker her, der vorsichtig das Zimmer verläßt. Plötzlich erschrickt er, weil die Tür mit einem lauten Krach ins
Schloß fällt. Er beginnt den Flur entlangzugehen. (Anmerkung: zwischen Harker und der Kamera befinden sich
fremdartige, unheimliche Gegenstände — spitze Eisenstäbe
und Verstrebungen etc.) Am Ende des Korridors hält er
plötzlich an *(Nahaufnahme)*.

Harker irrt durch Schloß Dracula.

Sein P. O. V.
An einem Deckenbalken huschen Ratten entlang, den
Rücken dem Boden zugekehrt (Kamera steht auf dem
Kopf).

Bildschnitt:
Dracula, wie er die Schloßwand hinunterkriecht.

Bildschnitt:
Eidechse in Nahaufnahme.

HARKERS STIMME
Ich weiß jetzt, daß ich ein Gefangener bin – fest-
gehalten in irgendeiner düsteren Absicht, damit dieser
Dämon sich Mina nähern kann. Ich weiß nicht viel
mehr, als daß ich unverzüglich zu ihr zurückkehren
muß. Ich habe Angst um sie – er darf ihr niemals
begegnen.

Aufsicht
Unten geht Harker eilig weiter. Die Kamera fährt an der
Decke entlang und blickt dabei auf Harker, der hinter einer
Statue im Vordergrund steht. Er hört das Rascheln von
Frauenkleidern und Gelächter.

Untersicht/total – Kamerafahrt
hinter Harker her, als er sich einer Tür nähert, über der
eine Art türkische Inschrift steht. Harker drückt mit dem
Ellenbogen gegen die Tür. Sie gibt etwas nach.

Leichte Untersicht – Harker im Profil
Er versucht es noch einmal, und die schwere Tür schleift
über den Boden. Schließlich gibt sie nach, und er fällt jäh
in das Zimmer.

Aus Francis Coppolas Aufzeichnungen:

»Wenn die Bauern dich warnen, ›Hüte dich vor Schloß
Dracula. Fahr nicht dorthin, nicht heute nacht −‹, und du
fährst trotzdem hin, weil du deinen Geschäftspartner treffen
mußt... Und dann kommst du zu diesem Gruselschloß und
dieser unheimliche Typ, der wirklich etwas seltsam aussieht,
kommt auf dich zu. Du aber denkst: ›Na ja, aber er weiß,
wie er es seinem Gast behaglich machen kann.‹ Wie kann
Dracula Harker ein Gefühl der Behaglichkeit vermitteln?
Vielleicht durch den guten Wein, durch seine Kunstschätze,
vielleicht durch die Andeutung, daß da irgendwo Frauen
sind... Im Grunde verführt er Harker. Und die unterdrückte
viktorianische Sexualität wird zu einem Machtwerkzeug in
Draculas Hand − auch in Minas Fall. Sie und Harker sind
verderbt, weil sie verklemmt sind.«

[Frauengemächer − Nacht]

Kamera auf Harkers Rücken
Er richtet sich wieder auf, sieht sich im Zimmer um: er
befindet sich in dem Teil des Schlosses, der in früheren
Zeiten von den Frauen bewohnt wurde. Das Zimmer selbst
ist ein üppig ausgestattetes Zelt, ein Serail. Harker ist
ängstlich und müde. Er geht (Kamerafahrt) zu einem
schönen altertümlichen Frisiertisch. Die Kamera verliert ihn
und fährt nahe an den Tisch: man sieht exquisite Kämme
und Bürsten, Puderdosen. Parfümflakons und einen
Spiegel.

HARKER
    Hier hat der Graf sicher seine Gunst einer schönen
    Dame geschenkt.

Großaufnahme eines Parfümflakons — (Kamera steht auf dem Kopf)
Harker öffnet ihn — ein Tropfen Parfüm hängt am Rand und fällt schließlich nach oben.

Weiter — hinter Harkers Rücken
Der Parfümtropfen fliegt nach oben (Rücklauf). Man hört Frauen aufreizend seufzen, Stimmen, die in rumänisch flüstern. Harker blickt auf, er meint, etwas gesehen zu haben.

Harker dreht sich im Kreis
aber er sieht niemanden. Schwenk mit ihm, als er sich erschöpft auf die Kissen setzt. Mondlichtreflexe spielen auf den Seidentüchern, die wie große Zeltbahnen über ihm hängen.

Über seiner Schulter
Er berührt den schönen Stoff, dann versenkt er sein Gesicht hinein und riecht daran. Der Stoff beginnt sich von selbst zu bewegen, als ob seidene Bettlaken ihn zur Ruhe einladen würden. Sie bewegen sich wie die Rundungen einer Frau. Er schlägt sie beiseite, aber es ist niemand dahinter.

Nahaufnahme Harker
Er dreht sich um.

Sein P. O. V. — langer Schwenk
Die Eindrücke kleiner Frauenfüße auf dem weichen Teppich. Dann durch den Staub auf dem Boden, und man vernimmt ein leises Klirren wie von Goldplättchen.

Totale — Harker
der in den Kissen sitzt. Hinter den Seidenbahnen bewegen sich Schatten.

Für die Szene mit Harker und den Bräuten wurde ein speziell angefertigtes Bett mit einer Falltüre benutzt. Diese Türe erlaubt es den Bräuten von unten neben Harker aufzutauchen.

Jonathan Harkers Tagebuch

Als ich mich aus dem Fenster lehnte, wurde mein Blick von etwas angezogen, was sich im Stockwerk unterhalb von mir bewegte, etwas zu meiner Linken, dort, wo die Fenster des Zimmers vom Grafen sein mußten, wie ich nach der Anordnung der Räume glaubte . . . Was ich erblickte, war der Kopf des Grafen, der aus einem der Fenster herauskam. Ich konnte sein Gesicht nicht sehen, aber ich erkannte ihn an der Form des Halses und an der Art, wie seine Arme und sein Rücken sich bewegten. Und die Hände, die ich bei so vielen Gelegenheiten hatte studieren können, erkannte ich eindeutig. Zuerst war ich neugierig und ein wenig amüsiert, denn es ist schon wundervoll, welch unwichtige Dinge einen Mann neugierig machen und amüsieren, wenn er sich in Gefangenschaft befindet. Aber meine Gefühle wandelten sich zu Widerwillen und Furcht, als ich sah, wie der ganze Mann langsam aus dem Fenster glitt und begann, die Wand des Schlosses oberhalb jenes schrecklichen Abgrunds hinunterzukriechen, mit dem Kopf nach unten, sein Umhang blähte sich um ihn wie ein Paar großer Flügel. Zuerst wollte ich meinen Augen nicht trauen. Ich hielt es für eine Täuschung des Mondlichts, eine unheimliche Wirkung der Schatten, aber ich schaute weiter hin, und es konnte keine Täuschung sein. Ich sah, wie die Finger und die Zehen sich an die Kanten der Steine klammerten, von denen im Laufe der Jahre der Mörtel abgebröckelt war, so daß er sich jeden Vorsprung und jede Unebenheit zunutze machen konnte, während er sich mit beachtlicher Geschwindigkeit nach unten bewegte, so wie Eidechsen eine Mauer hinuntergleiten.

Was für ein Mann ist das, oder was für eine Kreatur steckt in diesem Wesen, das wie ein Mensch aussieht?

Großaufnahme — Harkers Brust von der Seite
Er wird sehr schläfrig. Man sieht die Hand einer jungen Frau (der jüngsten Braut) aus dem Stoff auftauchen; sie berührt ihn und streichelt ihn. Seine eigenen Hände kommen hinzu, so daß nun vier Hände seine Brust streicheln. Plötzlich schlitzt die Frauenhand mit einem Fingernagel sein Hemd auf und reißt es mit beiden Händen bis zur Taille auf.

Nahaufnahme Harker
Er schreckt hoch, blickt ungläubig auf.

Harkers P. O. V. — Draculas schöne Bräute
Zwei von ihnen betrachten ihn andächtig; die dritte begibt sich zurück zu der Gruppe.

DIE DRITTE BRAUT
(rumänisch, zu der jüngsten)
> Geh du zu ihm. Sei du die erste, wir werden dir folgen.

DIE MITTLERE BRAUT
(rumänisch)
> Er ist jung und stark. Es gibt genug Küsse für uns alle.

Zurück auf Harker
Seine Reaktion.

Harkers P. O. V.
Der Kopf der jüngsten Braut taucht aus dem Stoff auf. Ihr Gesicht erscheint. Sie gleitet unter Küssen an seinem Körper entlang, züngelt an seinem Magen — die Kamera fährt langsam zurück: über Harker hinweg auf die jüngste Braut, die an seinem Hals angekommen ist, wo er sein Kruzifix trägt.

Ihr P. O. V. — das Kruzifix
an Harkers Hals. Ihr Gesicht kommt lächelnd ins Bild,
dann sieht sie das Kruzifix. Plötzlich beißt sie zu wie
ein Tier und zerbricht es in zwei Teile. Die Kamera neigt
sich nach unten, als das Kruzifix hinuntergleitet und
verschwindet.

Vogelperspektive/total
Die jüngste Braut lehnt sich zurück, ihre Hände liegen auf
Harkers Schenkel. Seine Hände liebkosen ihren Körper.
Plötzlich bewegt sich der Stoff unter ihm und um seinen
Kopf, und die mittlere Braut kommt zum Vorschein
(Rücklauf/durch Falltür).

Nahaufnahme — Harkers Brust im Profil
Mund und Zunge der mittleren Braut kommen ins Bild.
Sie küßt und leckt Harkers Brustwarze. Plötzlich beißt sie
ihn in die Brust. Sein Blut sprudelt in ihren roten Mund
wie ein Springbrunnen.

Nahaufnahme Harker
voller Entzücken und Schmerz.

Einblendung: extrem Nah
Kleine Füße mit goldenen Fußkettchen.
Mehrfachbelichtung.

Untersicht
auf die mittlere Braut, die von unten wie Medusa mit dem
Schlangenhaar aussieht — man sieht noch die Narben des
Pfählens. Hinter ihr scheußliche, sexuell wirkende Schatteneffekte.

Von unten
Die drei Bräute, ineinander verschlungen; sie werfen groteske, erotische Schatten an die Wände.

Nahaufnahme der jüngsten Braut
Sie küßt und beißt spielerisch in Harkers Handrücken.
Dann saugt sie Blut.

Einblendung: Nahaufnahme
Ihr klares purpurfarbenes Auge.

Einblendung: Totale
Im Spiegel über ihnen sieht man nur Harker, außer sich
vor Erregung.

Über Harker hinweg
Der Stoff zwischen seinen Beinen wölbt sich höher und
höher, und die mittlere Braut kommt zum Vorschein, als
sei sie aus ihm geboren worden. Die anderen Bräute
kommen über Harker zusammen und ihre Lippen finden
sich zu einem heißen Kuß zu viert.

Wand mit Treppe (Weitwinkelaufnahme)
Plötzlich sieht man Draculas ungeheuren Schatten auftauchen. Wütend fliegt er durch das aufspringende Fenster.

DRACULA
    Was tut ihr!?

Zurück in die Kußszene
Draculas Schatten fällt auf die Kußszene. Eine Hand
kommt ins Bild und reißt die älteste Braut zurück.

P. O. V. der Bräute − von unten auf Dracula
Er steht riesengroß über ihnen (Effekt durch besonderes
Kostüm und Gerüst). Er ist düster, windumtost (Rücklauf)
− spezieller Feuereffekt vom Kamin her, so daß er wirkt
wie der Teufel selbst. Er beugt sich nach vorn, ergreift die
jüngste Braut und − schleuderte sie wie eine Lumpen-
puppe in die Luft.

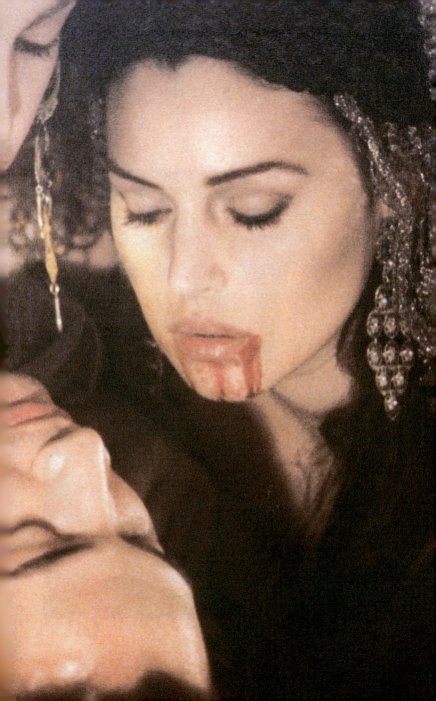

Draculas Bräute
werden eingekleidet

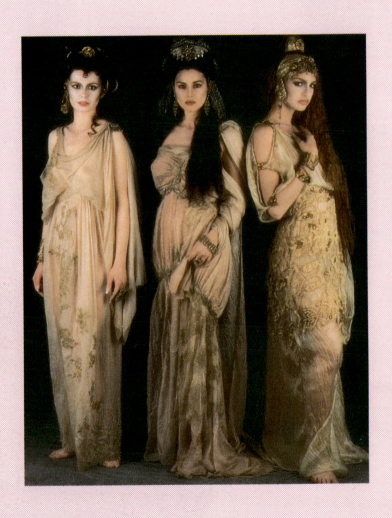

Einer der wenigen Vorschläge, der nicht auf Anhieb die Zustimmung des Regisseurs fand, war Eikos ursprüngliche Idee für die Bräute des Vampirs.

»Eiko hatte sich vorgestellt, daß die drei Mädchen gar nichts trügen und nur grün angemalt würden«, erinnert sich Coppola. »Ich glaube, sie hat dabei an die Grüne Fee gedacht, den Sukkubus (ein Bild aus der später folgenden Alkohol-Szene), aber es hat nicht funktioniert. Die Mädchen sahen eher aus wie Kunstwerke statt wie Personen.«

Als Eiko dann begriffen hatte, daß Coppola ein besonderes Konzept für die Bräute vorschwebte, hat sie sich bemüht, seine Vorstellungen ganz genau zu erfüllen. »Er hatte sich ein Gewebe vorgestellt, das schon leicht vermodert und verschlissen wirkt, wie die Leichentücher der Mumien in den Katakomben von Bombay, und es sollte so dünn sein, daß es auseinanderfiel, sobald man es berührte. Gleichzeitig schwebten Francis extrem weiblich wirkende Roben vor, wie die Kleider, die die Frauen auf den Bildern des französischen Künstlers Mucha tragen. Ich habe all das berücksichtigt und schließlich das endgültige Design für die Kleider der Bräute entworfen.

Die Bräute, von links: Florina Kendrick, Monica Belluci und Michaela Bercu.

DRACULA
(rumänisch)
   Wie könnt ihr es wagen, ihn zu berühren, wenn ich es
   euch verboten habe — Dieser Mann gehört mir!

Wand und Decke (Kamera steht auf dem Kopf)
Sie klebt an der Decke — wie eine Fliege! Sie huscht über
die Decke und verhöhnt Dracula; und sie lacht: grausam
— und teuflisch.

Die anderen Bräute
lachen mit ihr, dann verhaken sie sich ineinander — wie
ein riesiges Insekt — und huschen davon.

DIE JÜNGSTE BRAUT
(rumänisch)
   Du selbst hast nie geliebt und wirst nie lieben!

Dracula — die Kamera fährt auf ihn zu
Er schreckt zurück. Seine Stimme ein sanftes Flüstern . . .

DRACULA
(rumänisch)
   Ja — auch ich kann lieben. Und ich werde wieder
   lieben.

Aufsicht/total — nach unten auf das Bodenmosaik
Das große Bild mit Elizabeths Gesicht. Mit verführerischen
Bewegungen kriechen die Bräute auf Dracula zu, umringen
und umarmen ihn — sie wirken dabei wie ein großes,
pelziges Tier.

DIE JÜNGSTE BRAUT
(rumänisch)
   Sollen wir heute abend leer ausgehen?

Untersicht/Näher
Dracula wendet sich kurz ab und dann wieder zu ihnen.
Er hält ein neugeborenes Kind in seinen Händen. Er überreicht es den Bräuten, die der Hunger fast überwältigt; sie hasten davon, um ein Festmahl zu halten.

Nahaufnahme Harker
Er würgt seinen Ekel hinunter

Halbnah auf Dracula
Er starrt Harker mit rotglühenden Augen an. Er macht eine elegante, imponierende Geste –

Dracula
(rumänisch)
   Ich verspreche euch, wenn ich mit ihm fertig bin, dürft ihr ihn nach eurem Belieben ›küssen‹.

Halbnah auf Harker
Er schreit auf und fällt hintenüber; er ist ohnmächtig geworden.

Nahaufnahme Dracula
Ein leises grausames Lachen.

DRACULAS HAREM:
CASTING UND CHOREOGRAPHIE

Eine der größten Herausforderungen des Films war es, die richtigen Frauen zu finden, die Draculas unersättliche Bräute spielen konnten, und sie dazu zu bringen, daß sie sich wie übernatürliche Wesen bewegten. Francis Coppola war der Meinung, daß die Bräute bisher noch in keinem Film so dargestellt worden waren, wie

Die Bräute bei der Verfolgung ihres Opfers Jonathan Herker.

Stoker sie gezeichnet hatte – sie waren entweder angsteinflößend oder verführerisch, aber nie beides gleichzeitig – und in den ersten Diskussionen über die Interpretation spielte er mit einigen verlockenden Ideen.

»Ich könnte neun Mädchen für die Rolle engagieren«, überlegte er. »Mit anderen Worten, nicht bloß jeweils eine Frau für eine Rolle, sondern drei Schauspielerinnen, drei Tänzerinnen, drei Königinnen der Soft-Pornos oder drei Models. Wir könnten von den Tänzerinnen verlangen, daß sie Sachen schaffen, die jemand, der ungeübt ist, nie zuwege bringen würde ... eine andere Möglichkeit wäre, daß eine der Bräute eine schon ältere Frau wäre, aber immer noch sehr sexy, eine Frau Ende der Fünfzig, aber mit diesem gewissen Etwas ...

Sie sollten bestimmten ethnischen Typen angehören: russisch, mongolisch, vom Balkan stammend, vielleicht sogar eine Äthiopierin.

Die Frauen der türkischen Sultane kamen aus diesen Ländern, und es ist einsichtig, daß Vlad solche Typen getroffen haben könnte.«

Nach mehrere Monate dauernder Suche – 600 Schauspielerinnen kamen in verschiedenen Städten des Landes zum Vorsprechen – fand man schließlich die richtigen Bräute. Es waren dann doch nur drei, zwei davon Models, und sie alle waren jung und hatten ein exotisches Aussehen: die italienische Schauspielerin Monica Belluci, die auch als Model arbeitet, das israelische Model Michaela Bercu, die hier ihr Filmdebüt gab, und schließlich die rumänische Schauspielerin Florina Kendrick. Es war purer Zufall, daß Florina tatsächlich in Transsilvanien geboren ist und fließend Rumänisch spricht. Sie betätigte sich als Sprachlehrerin bei ihren Schauspielerkollegen Oldman, Ryder und Hopkins und auch bei ihren beiden Mit-Bräuten.

Dann versicherte

Coppola sich der Mithilfe des Choreographen Michael Smuin (einem Gewinner des Tony Award), damit er mit den Bräuten fremdartige und exotische Bewegungen einstudierte. »Sie waren unglaublich hinreißend«, sagte Smuin, »aber sie waren natürlich keine Tänzerinnen. Doch es war ja auch nicht unbedingt richtiger Tanz, was Francis haben wollte. Es war eher ein zeremonielles Laufen an den Wänden und der Decke, ein Schweben, ein Fliegen. Irgendwann sagte er zu mir: ›Nimm die drei Mädchen und sieh zu, daß sie wie eine riesige Spinne wirken.‹ Und mit Gürteln, Schlingen und Seilen gelangen uns einige ganz interessante Effekte — gruselig, aber auch schön und auf groteske Weise lyrisch.«

Die drei Schauspielerinnen arbeiteten hart, um sich

die Kraft und Beweglichkeit anzueignen, die sie für das brauchten, was Coppola und Smuin von ihnen verlangten. »Was dabei herauskam, war um vieles besser, als ich erwartet hatte«, sagt der Choreograph. Und genau wie die visuellen Tricks des Films »wurde alles nur mit der Kamera gemacht, nichts war vorgetäuscht oder beim Kopieren gemacht oder mit Hilfe des Blue Screan.«

Die Kostüme der Bräute und die Dekoration, die man für ihre Räume ausgewählt hatte, zeigen, daß Coppola in Dracula einen Prinz sieht, der vom Osten stark beeinflußt wurde und sich einen Harem hielt. »Das ist es, wovon der Koran erzählt«, meint Coppola, »daß er einem beibringt, wie man mit vielen Frauen zusammen in einem Haus lebt.«

Mina Murrays Tagebuch

26. Juli − Ich habe Angst, aber es beruhigt mich, wenn ich meine Gedanken hier ausdrücken kann; es ist, als würde man sich etwas zuflüstern und sich gleichzeitig selbst zuhören. Auch ist etwas an den stenographischen Zeichen, die sie von der normalen Schrift unterscheiden. Ich habe ein ungutes Gefühl wegen Lucy und Jonathan. Ich habe schon seit einiger Zeit nichts mehr von Jonathan gehört, und ich habe mir Sorgen gemacht . . . als einziges kam eine Zeile, datiert von Schloß Dracula, die besagt, daß er im Begriff ist, nach Hause abzureisen. Das ist Jonathan überhaupt nicht ähnlich; ich verstehe es nicht, und es verursacht mir Unbehagen. Und zu allem Überfluß hat Lucy . . . wieder ihre alte Gewohnheit aufgenommen schlafzuwandeln. Ihre Mutter hat mit mir darüber gesprochen, und wir haben beschlossen, daß ich jeden Abend die Tür unseres Zimmers fest verschließe. Mrs. Westenra glaubt, daß Schlafwandler immer auf Dachfirsten oder den Rändern steiler Klippen balancieren und daß sie dann plötzlich aufwachen und mit einem gräßlichen Schrei in die Tiefe stürzen . . .

6. August − Wieder ist eine Woche vergangen, und noch immer gibt es keine Nachricht von Jonathan . . . Die vergangene Nacht wirkte sehr bedrohlich, und die Fischer sagen, daß ein Sturm aufzieht . . . Der Horizont verliert sich in grauem Dunst. Alles wirkt so unendlich; die Wolken sind aufeinandergetürmt wie gigantische Felsen, und über der See liegt ein dumpfes Brüten, als würde sie großes Unheil vorhersagen.

Dearest Mina,

All is well here. The Count has insisted I remain for a month to tutor him in English custom.

I can say no more, except I love you.

Ever faithful

Jonathan

Durch eine Kastenblende schließt das Bild zu schwarz; auf die gleiche Weise Aufblende zu:
[Garten von Hillingham — Tag]

Bildschnitt:
Harkers Brief an Mina.

Die Kamera fährt nah auf
Mina, die sichtlich aufgeregt den Brief liest.

HARKERS STIMME

Meine geliebte Mina, mir geht es gut. Der Graf hat darauf bestanden, daß ich noch einen Monat hierbleibe, um ihn in den englischen Sitten und Gebräuchen zu unterrichten. Mehr kann ich nicht sagen, außer, daß ich Dich liebe. Auf ewig Dein, Jonathan.

Sie starrt auf den Brief mit dem seltsamen Umschlag, dann blickt sie zur Seite.

Von oben
auf das Hillingham-Haus. Die Kamera ›stürzt‹ nach unten, und man sieht die Kapelle und die Familiengruft. Man hört Lucys übermütiges Lachen, als sie hinter Mina auftaucht; sie sieht in ihrem weißen Kleid sehr hübsch aus und ist ganz aufgeregt.

LUCY

Ich liebe ihn! So. Tut mir gut, das sagen zu können. Ich liebe ihn, und ich habe ›ja‹ gesagt.
(sie gibt eine feierliche Erklärung ab)
Lord Arthur Holmwood. Lord und Lady Holmwood. Und du sollst meine Brautjungfer sein. Sag ja, bitte.

Über Lucy hinweg auf Mina
Mina reagiert nicht. Lucy bemerkt es.

LUCY

Mina, was ist los? Dies ist der aufregendste Tag in meinem Leben, und du freust dich gar nicht.

MINA

Es ist nur, daß ich mir große Sorgen um Jonathan mache. Sein Brief ist so seltsam — so kalt. Das ist überhaupt nicht seine Art.

LUCY
    O Mina – mach dir keine Sorgen.

Zweier Einstellung – Halbnah (Steadicamaufnahme*)
Ein plötzlicher Donnerschlag. Ein Wolkenbruch geht nieder
und durchnäßt sie. Lucy freut sich an dem Regenguß.
Mina erwacht aus ihrer Benommenheit.
Regen und Dunkelheit wandern über das Gartenlabyrinth
hinweg. Die Mädchen haben Angst vor Blitzen und
Donner. Sie schauen zum Himmel auf.

Einblendung – Draculas Augen am Himmel
Er lächelt. Der Sturm wütet.

Minas P. O. V. – Totale
(Musik setzt ein und begleitet den Sturm.)
Eine große bedrohliche Wolkenbank verdunkelt den
Sonnenuntergang. Von Blitzen erhellt, treibt sie auf die
Mädchen zu. Etwas Mächtiges kündigt sich an.

* Steadicam: Bezeichnung für ein Stabilisierungssystem, das es erlaubt, mit
der Handkamera ›ruhige‹ Aufnahmen zu machen. (Anm. d. Übers.)

Überblendung zu: [Schloßkapelle, Krypta — Tag]

Die Einstellung beginnt schwarz
Eine schwarze Kiste, die von zwei Zigeunern mit Erde
angefüllt wird. Die Kiste bewegt sich und läßt die Kapelle
erscheinen. Trübes Licht fällt durch das gewölbte, rissige
Dach. Die Kamera fährt näher heran, und man sieht, daß
der Fußboden zerborsten ist.

HARKERS STIMME
Tagebucheintragung, 15. Juni. Unten ist der Lärm
stampfender Füße zu hören, und das Poltern schwerer
Lasten, die abgesetzt werden.

Die Kamera fährt über den Boden und schwenkt nach
oben auf Harker: er steht hinter einem Eisengitter, das
einen Durchgang verschließt, und beobachtet die Zigeuner.

Sein P. O. V. — nach unten in die Kapelle
Die Überreste des Altars aus dem 15. Jahrhundert, wo der
junge Prinz Dracula seine Elizabeth in den Armen hielt.

HARKERS STIMME *(Fortsetzung)*
Der Graf verfügt über eine Gruppe gemeiner Zigeuner,
die ihm bedingungslos ergeben sind. Sie arbeiten Tag
und Nacht und füllen Kisten mit fauliger Erde, die sie
aus den verborgensten Winkeln des Schlosses holen.
Aber warum nur? Warum füllen sie Erde in diese
Kisten?

Auf Harker
Er ist auf dem Grund der Krypta angekommen; dort ragen
immer noch die Pfähle aus dem Boden, auf denen Ske-
lette aufgespießt sind — seit Hunderten von Jahren. Sie
sind auf bizarre Weise mit den Resten alter Gewänder und
Schmuckstücke angetan. Im Hintergrund sieht man

Harker beobachtet die Zigeuner bei der Arbeit.

Zigeuner die Treppe herunterkommen, sie tragen weitere Kisten. Die Kamera fährt zurück und zeigt, wie sich Harker hinter einer der Säulen versteckt.

HARKERS STIMME *(Fortsetzung)*
    Sie bringen die Frachtscheine an, die ich mitgebracht habe, damit diese Erde zu seiner Abtei Carfax in London geschickt werden kann; das ist ein Teil seines teuflischen Plans – und ich bin sein Komplize!

173

Jonathan Harker wandert zwischen alten, gepfählten Skeletten umher.

Nahaufnahme Harker
Er versteckt sich hinter einem steinernen Sarkophag.

HARKERS STIMME *(Fortsetzung)*
Bald schon werden die Kisten auf ein Schiff verladen und nach London geschickt werden. Das unbeschreibliche Grauen wächst von Tag zu Tag.

Weiter — auf Harker
Harker späht vorsichtig über das Kopfende von Draculas Sarkophag, dann steigt er hinauf, um ihn genauer zu untersuchen.

Das Kopfende des Sargs bewegt sich
Bretter werden abgerissen: Dracula liegt in seinem ›Tageskoma‹ in der verrotteten Erde; die Augen weit offen, reglos. Keinerlei Anzeichen von Leben.

Frachtschein für den Kistentransport nach London.

HARKERS STIMME *(Fortsetzung)*
Das also war das Wesen, das mit meiner Unterstützung nach London gelangen sollte, wo es — vielleicht
jahrhundertelang — unter den sich drängenden
Millionen von Menschen seine Blutgier stillen und
eine immer größer werdende Schar von Halbdämonen
hervorbringen würde, um sie auf die Wehrlosen zu
hetzen.

Der Sarkophag
Draculas steifer Körper richtet sich plötzlich vor Harker auf.

Auf Harker
Er stolpert rückwärts durch knöcheltiefes Wasser, ver-
heddert sich in den Skeletten, spießt sich fast selbst auf
und stößt an eine Wand mit Grabkammern.

Von der Seite — Aufnahme im Profil
Silberhelles Gelächter und Glöckchengeläut. Dracula lacht,
als die Hände der drei Bräute aus ihren Grabkammern
kommen und Harker packen. Die Kamera fährt um ihn
herum, während er versucht, sich zu befreien und die
Bräute fast aus ihren Kammern zieht. Sie erregen ihn,
locken ihn in die Wandgräber.

Auf den Sarkophag
Draculas starre Gestalt zieht sich in den Sarg zurück; die
Türen schließen sich. Abblende zu schwarz.

Schnitt: [Bibliothek]

Van Helsing öffnet ein Buch und liest daraus vor:

VAN HELSING (Off)
Ich werde nun aus dem Logbuch des Dampfers
›Demeter‹ vorlesen: 27. Juni 1897. Wir luden fünfzig
Kisten mit Erde zu Versuchszwecken ein, die für
London, England, bestimmt sind. Setzten mittags das
Segel und gerieten in einen Sturm, der aus dem
Nichts gekommen zu sein schien, und der uns in die
offene See hinaustrug.

[Ozean — Tag]

Ein Schiff mit zerfetzter Takelage schwimmt führerlos auf
stürmischer See; der Himmel verdüstert sich immer mehr.

Nahaufnahme
Takelage und Segel.

Bildschnitt:
Der Schiffsname auf dem Bug: *Demeter*

Überblendung zu: [Laderaum der Demeter *— Abend]*

Die Kamera nimmt die rüttelnde Bewegung im
Laderaum der *Demeter* auf: eine Laterne schwingt heftig
hin und her. Wasser strömt herein und trommelt auf
Draculas gestapelte Kisten, während die Kamera an ihnen
vorüberfährt.

[Gartenlabyrinth — Abend]

Zurück auf die Mädchen
im Labyrinth. Lucy jagt Mina durch das Labyrinth, und beide quietschen wie die Schulmädchen. Ihre Balgerei geht in eine zärtliche Berührung über.

Großaufnahme — Mina und Lucy
Ein Kuß. Sie entfernen sich ohne ein weiteres Wort.

Steadicamaufnahme im Labyrinth — verschiedene Einstellungen
Lucy freut sich an dem Regenguß, sie wirbelt herum und zieht das weiße Kleid am Körper herunter — es ist durchsichtig. Auf Minas durchscheinendem Kleid erscheint die Projektion von Sturmwolken.

Mina und Lucy werden im Gartenlabyrinth vom Regen überrascht.

*[Londoner Zoo – der
Sturm wütet]*

Aufsicht/total
Die Kamera stößt in einer
Wellenbewegung auf den
Zoo herunter, vorbei am
Eingang und an aufgereg-
ten Tieren.

Großaufnahme
Ein großer grauer Wolf rast
in seinem Käfig herum.

[Sewards Irrenanstalt – der Sturm wütet]

Aufsicht/total
Die Kamera fährt auf die Insassen herab, die heulen, sich
gegenseitig angreifen und an ihren vergitterten Fenstern
rütteln. Die Wächter spritzen dicke Wasserstrahlen auf die
Insassen. Die Kamera fährt schließlich nahe auf einen von
ihnen, der in einer Ecke seiner Zelle kauert: es ist Renfield.

Wärter halten die Insassen der Irrenanstalt mit Wasserschläuchen in Schach.

RENFIELD
   Kommt her, meine Lieblinge; der Meister allen Lebens ist nahe.

Er spürt die Anwesenheit einer gewaltigen Macht.

RENFIELD

Meister, Meister . . . Ich bin hier, um zu tun, was Du
mir befohlen hast. Ich habe Dich lange Zeit aus der
Ferne verehrt. Nun bist Du nahe — ich bin Dein
Sklave — ich erwarte Deine Befehle. *Dumnezeu.* Das
Blut ist das Leben. *Dumnezeu.* Das Blut ist das Leben!

Er jubelt dem Sturm entgegen, ruft ihn herbei wie ein
Dirigent, der seinem Orchester befiehlt. Er reißt die
Verschnürungen seiner Zwangsjacke auf, und seine
Phantastereien sind noch im Off zu hören, während
Seward schon spricht.

SEWARDS STIMME

Der Fall Renfield wird immer interessanter . . .

Überblendung zu: [Sewards Büro — der Sturm wütet]

Halbnah auf Jack Seward
der einen Edisonschen Phonographen bespricht. Er bereitet
eine Spritze vor.

SEWARD
(diktiert)

Wüßte ich doch nur um das Geheimnis eines solchen
Verstandes — hätte ich nur den Schlüssel zu der
Einbildung eines einzigen Geisteskranken —
(Traurigkeit überkommt ihn)

Lucy . . . Seit sie mich zurückwies, scheint nichts mehr
wichtig. Ich suche mein Heil in der Arbeit. Wenn ich
doch auch so einen gewichtigen Grund hätte wie mein
armer verrückter Freund Renfield . . .

Halbnah / von der Seite
Seward bindet sich den Arm ab; die Spritze ist für ihn selbst bestimmt. Die Kamera fährt nah heran: er wird ohnmächtig, als die Droge durch seine Adern strömt, sein Gesicht ist verzerrt. Der Donner grollt. Blitze zucken!

Dr. Seward bereitet seine Injektion vor.

[Ozean — Tag]

Die *Demeter* schaukelt auf der sturmgepeitschten See.

[Laderaum der Demeter]

Kamerafahrt auf eine Kiste mit königlichem Wappen. Zwischenschnitt eines Gemäldes, das den jungen Dracula darstellt. Van Helsing liest weiter aus dem Logbuch vor:

Van Helsings Stimme
    22. Juli. Der zweite Maat wird vermißt. Haben Gibraltar passiert. Immer noch sehr stürmisch; die Mannschaft ist unruhig, sie glauben, daß irgendein Wesen mit uns auf dem Schiff ist.

[Draculas Kiste — Innen]
Dracula liegt im Koma. Die Kamera fährt nah heran. Er erscheint wie ein Kokon in Gestalt eines Mannes: leuchtend, durchsichtig, das Leben pulsiert in ihm. Der Beginn einer unglaublichen Metamorphose: neue Muskeln, neue Knochen und Blutgefäße sind im Entstehen.

Der in einen Wolf verwandelte Dracula entkommt aus der »Demeter«; Originalbild von Sätty aus KOMMENTAR ZU DRACULA.

Francis Coppola über die Darstellung der Sturmsequenz:

»Man kann den Sturm als menschlichen Aufruhr darstellen. Der Sturm in der Irrenanstalt, der sich im Verhalten der Insassen spiegelt . . . Dracula nähert sich England, und das bringt alles aus dem Gleichgewicht. Es ist so, als ob der Mond etwas zu nahe an die Erde heranrücken würde. Die Tiere und die Geisteskranken sind erregt — es wirkt fast sexuell. Vielleicht übt Dracula einen größeren Einfluß auf die reinen Instinktwesen aus.
›Der Meister ist gekommen, das Blut ist das Leben . . .‹ Es erinnert an Musik. Der Sturm wird immer heftiger und erreicht seinen Höhepunkt bei Draculas Ankunft: wie eine Filmmusik bestimmt er Höhen und Tiefen der Handlung.«

Bildschnitt:
Ein Portrait des jungen Dracula.

Bildschnitt:
Draculas Wolfsgesicht taucht aus dem Kokon auf und fletscht die blutigen Zähne.

[*Ozean — Tag*]

VAN HELSINGS STIMME *(Fortsetzung)*
Der letzte Eintrag datiert vom 3. August: Straße von Dover. Um Mitternacht wollte ich den ersten Maat am Steuer ablösen, aber er war nicht mehr da. Ich werde meine Hände an das Steuer binden. Falls ich auch sterben sollte, bete ich, daß dieses Logbuch gefunden wird.

[Londoner Zoo]
Der Wolf und die anderen Tiere werden immer aufgeregter. Der Wolf bricht aus.

Bildschnitt:
Wolken ziehen rasch über den Mond.

Überblendung zu: [Hillingham – der Sturm wütet]

Totale/bewegt
Die Vorderfront von Hillingham im Sturm.
Vom Familienfriedhof her ertönt Draculas Wolfsknurren.

[Lucys Schlafzimmer — der Sturm wütet]

MINAS STIMME
Tagebuch. Lucy hat in letzter Zeit ihre alte Gewohnheit des Schlafwandelns wieder aufgenommen — obwohl es ihr doch so gut geht. Zum Glück ist es so warm, daß sie sich wenigstens nicht erkälten kann; aber schon die Sorge um sie beginnt auf mich einzuwirken und ich bin selbst nervös und kann nicht schlafen.

Auf das Fenster
Es fliegt auf. Die Vorhänge wehen herein. Mina kommt von rechts ins Bild, im Nachthemd. Schwenk mit ihr zum Bett.

MINA
Lucy — bist du da? —

Sie kann im Dunkeln nichts sehen. Sie tastet über das Bett — leer.
Sie findet Lucys Kruzifix auf dem Bett. Die Bettdecke ist auf den Boden geworfen worden. Sie läuft zum offenen Fenster.

Einblendung — Lucys Kruzifix auf dem Bett

Nahaufnahme Mina
Voller Angst späht sie aus dem Fenster.

Minas P. O. V. — Totale
Lucy schreitet die großen Stufen zum Friedhof hinunter, ihr Nachtgewand bläht und bauscht sich hinter ihr —

Doppelbelichtung: Draculas Gesicht. [Friedhof — der Sturm wütet]

190

Mina entdeckt, daß Lucy verschwunden ist.

Kamerafahrt hinter Lucy (amerikanische Einstellung)
Sie schlafwandelt durch das Labyrinth, dann steigt sie
einige Stufen hoch.

Kamerafahrt − Nah vor Lucy
Ruhiges Lächeln. Sie nimmt den Wind, der an ihr zerrt,
gar nicht wahr.

Von oben auf Mina
die Lucy durch das Labyrinth verfolgt

Fahrtaufnahme
Mina erscheint aus dem Nebel, in einen Schal gehüllt, sie
stemmt sich gegen Wind und Regen. Sie kommt näher, bis
sie in Nahaufnahme zu sehen ist. Sie bleibt abrupt stehen,
als sie das Wolfsheulen hört.

MINA
        Lucy! Lucyyyy!

Ein Blitz taucht den Friedhof in gleißendes Licht.

Minas P. O. V. − Totale (Lucys Gesicht Mina zugewandt)
Lucys Gestalt spreizt sich in schamloser Weise auf einer
Steinbank, ihre Arme sind zurückgeworfen, ihre Hüften in
heftiger Bewegung. Eine dunkle aufrechte Gestalt, die
einem Tier ähnelt, beugt sich über sie, besteigt sie.

Nahaufnahme
Zähne in Lucys blutigem Hals.

Zweier-Einstellung/Halbnah − Dracula und Lucy
Endlich richtet er sich langsam auf und dreht sich um.
Seine Augen funkeln glühendrot.

Halbnah — Mina
im Nebel hat sie es beobachtet, sie ist wie gelähmt.

Draculas P. O. V. — ›Pixillation‹
Der Blick bewegt sich auf Mina zu.

Dʀᴀᴄᴜʟᴀs Sᴛɪᴍᴍᴇ
    Nein . . . Sieh mich nicht an —

Nahaufnahme Dracula
tief bewegt von Minas Anblick; fast nicht mehr Herr seiner
selbst.

Sein P. O. V. — Mina
Ein Blitz fährt hernieder und blendet seinen Blick. Das Bild
wird weiß.

[Friedhof — der Sturm wütet]

Minas P. O. V. — Halbtotale
Lucy liegt allein da, ihr Atem geht heftig, orgastisch; ihr
Gewand ausgebreitet, man sieht Brüste und Oberschenkel.
Mina rennt ins Bild und wickelt Lucy in ihren Schal ein,
den sie ihr am Hals feststeckt. Die Kamera fährt um sie
herum und dann näher, während sie Lucy heftig schüttelt
und sie schließlich in einen halbwachen Zustand zurück-
bringt.

Lᴜᴄʏ
    Seine Augen . . . diese Augen . . .

Mɪɴᴀ
    Ist ja gut. Du hast nur geträumt — bist wieder im
    Schlaf gewandelt.

DER SYMBOLISMUS:
BILDER DER DEKADENZ

»Wann immer man einen Film macht«, erklärt Francis Coppola, »fragt man sich als Regisseur, wie man sich den Zeitraum oder den Schauplatz der Geschichte zunutze machen kann, um den Stil des Films zu beeinflussen. Da Dracula

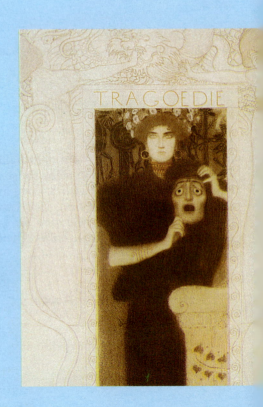

Gustav Klimt,
TRAGÖDIE,
ca. 1897

um die Jahrhundertwende spielt, begann ich, mich mit der Kunst dieses Zeitraums zu beschäftigen und konzentrierte mich bald auf den Symbolismus in der Malerei, in der Hoffnung, daß wir uns so in die Stimmung und die Themen der Dracula-Geschichte eindenken konnten. Deshalb habe ich mir viele Bilder angeschaut und Bücher durchgesehen und mir Notizen gemacht, um sie meinen Art-Direktoren und Eiko zu zeigen.«

Der Symbolismus war eine bestimmte Bewegung in der Literatur und den bildenden Künsten des ausgehenden 19. Jahrhunderts, der auf Mythen, der Phantasie und historischen Bezügen aufbaute. Er drückte Melancholie aus und ein gewisses Unbehagen an der Zivilisation als Stimmung des fin de siécle, eine ästhetische Reaktion auf die wachsende Bedeutung von Wissenschaft und Industrie, eine erotische Rebellion gegen bourgeoises Besitzdenken. Viele der Künstler des Symbolismus schufen Bilder, die aus der Welt des Unterbewußten schöpften. Einige flüchteten sich in Träume, die durch Drogengenuß oder Alkohol hervorgerufen wurden.

Die expressive Sprache des Symbolismus ist

Gustav Klimt,
JUDITH II, ca. 1909

»beschwörend und von poetischer Bilderkraft«, wie Coppola es beschreibt, »fast wie ein Traumzustand.« Das folgende Zitat des französischen Dichters Verlaine beschreibt genau das, was der Symbolismus und Coppolas Film gemeinsam haben: »Ich liebe das Wort ›Dekadenz‹, das blutrot schimmert... Es beschreibt eine Mischung aus Fleischeslust und melancholischem Geist, und all den gewalttätigen Herrlichkeiten des Byzantinischen Reichs.«

Unter den Malern, die am stärksten das Design-Team von »Dracula« inspiriert haben, befinden sich Gustav Klimt, Caspar David Friedrich, Gustave Moreau und Fernand Khnopff. Eiko Ishioka erinnert sich, daß

»Francis' Schreibtisch unter Bergen von Material für die Recherche verschwand.« Bestimmte einzelne Bilder haben ganz deutlich Details der Kulisse für Draculas Schloß und die Hillingham'sche Krypta inspiriert; ebenso die Kostüme der Bräute, ihr wallendes Haar und Lucys ätherisch-erotisches Aussehen als williges Opfer des Vampirs.

Und in der Tat ist die Welt, die Dracula bewohnt, kein unbekanntes Territorium in der Vorstellung der Symbolisten, die, in den Worten von Moreau, »sich in den Abgründen vergangener Zeitalter zusammenrollen, in den stürmischen Zwischenräumen von Träumen und Alpträumen.«

BESESSENHEIT, Wojciech Weiss, polnischer Symbolist, ca. 1899– 1900

Lucy
    Du darfst es niemandem erzählen – bitte.

Mina
    Psst, sei doch still. Laß uns ins Haus gehen.

»Unzweifelhaft befand sich dort etwas, etwas Großes und Schwarzes, das sich über die halb zurückgelehnte weiße Figur beugte... Was auch immer es sein mochte, ob Mensch oder Tier, konnte ich nicht sagen... Voller Angst rief ich: ›Lucy! Lucy!‹, und etwas hob den Kopf, und von dort, wo ich stand, konnte ich ein weißes Gesicht mit roten Augen erkennen.«

Mina hilft ihr hoch; die Kamera fährt zurück, als sie Lucy ins Haus geleitet. Die Einstellung verändert sich, man sieht Dracula, der sie beobachtet, immer noch von seinen Gefühlen gefesselt.

*Einblendung — die Kamera ›schwingt‹ über der
Abtei Carfax*

[Carfax — Tag]

Großaufnahme
Eine Kiste hängt an einem Kran; man erkennt das Firmen-
zeichen der Reederei Billington. Die Kiste schwingt von der
Kamera weg; die Kamera fährt zurück und nach oben, so
daß man auf ein paar Transportarbeiter blickt: sie entladen
zwei Fuhrwerke, auf denen ›Carter, Patterson & Co‹ steht,
und tragen die Kisten in die Kapelle von Carfax.

Van Helsing liest:

Van Helsings Stimme
Ich füge dem Bericht einen Brief des Grafen an die
Firma Samuel F. Billington & Sohn hinzu.

Draculas Stimme
Sehr geehrte Herren! Deponieren Sie bitte diese
Kisten, fünfzig an der Zahl, auf dem Carfax-Grundstück in der Nähe von Purfleet, in der alten halbver-
fallenen Abtei. Ihr ergebener Graf Dracula.

Überblendung zu: [Carfax — Außen]

Von einer Einstellung über ganz Carfax fährt die Kamera
zu einer Außenaufnahme des Irrenhauses:

»Der Meister ist gekommen«

[Renfields Zelle – der Sturm wütet]

Auf Renfield
durch das hohe vergitterte Fenster.

Renfield
    Meister! Ich bin hier! Meister...!

[Kapelle von Carfax — Innen — Tag]
Untersicht/total
Die Kisten stehen aufgereiht in der verfallenen Kapelle. Die Kamera fährt an ihnen entlang und dann nah auf das Adelswappen auf Draculas Kiste.

Bildschnitt:
Dracula in seiner Kokongestalt, wieder in Veränderung begriffen.

Draculas Karte von London

Bildschnitt
Der Stadtplan von London, der schon auf Schloß Dracula zu sehen war, Carfax ist rot eingezeichnet.

Van Helsings Stimme
Der Vampir kann — wie jedes Geschöpf der Nacht — auch am Tage umgehen, doch ist dies nicht seine natürliche Zeit, und seine Macht ist daher schwach.

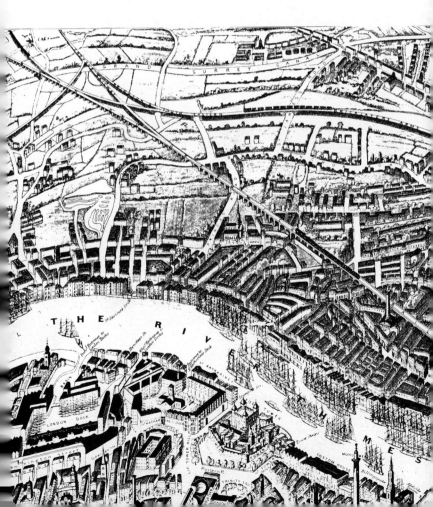

ZWEITER AKT

Das Blut ist das Leben

London, August 1897

[Straße in London — Nachmittag[

Draculas P. O. V. — Fahrtaufnahme
(Mit einer Pathé-Kamera werden leicht abgehackte,
beschleunigte Bewegungen wie in den frühen Stumm-
filmen erzeugt. Musikeinsatz). Der Blick schweift über eine
Menschenmenge auf dem Sonntagsspaziergang. Frauen
mit großen Hüten schreiten allein oder in Herrenbegleitung
vorbei. Jede Frau blickt im Vorübergehen verstohlen zum
Zuschauer, direkt in die Kamera.

Nahaufnahme des jungen Dracula
Im hellen Tageslicht! Der hübscheste, schneidigste Mann
auf der ganzen Straße. Seine Augen sind hinter dem neu-
esten Modeschrei — einer getönten Brille — verborgen.
Sein strahlendes Lächeln läßt blendenweiße Zähne sehen.
Jeder Frau, die ihn anschaut, wird ein Gruß zuteil, indem
er leicht den Hut zieht.

ZEITUNGSVERKÄUFER (Off)
Heftigster Sturm in der Geschichte Englands ... Entflohener Wolf immer noch auf freiem Fuß!

Halbtotale — Dracula
Während er geht, vermeidet er das direkte Sonnenlicht.

Näher heran an Dracula
Seine Augen folgen einer bestimmten Person.
(Musikeinsatz.)

*Draculas P. O. V. — Mina in der Menschenmenge
(Teleobjektivaufnahme, hohe Bildgeschwindigkeit; der
Hintergrund wird dunkler, dafür ist Mina extra
angeleuchtet.)*
Mit angespannter und besorgter Miene eilt sie durch die
Menge. Ihrer beider Augen treffen sich. Sie sieht augenblicklich weg. Aber etwas zwingt sie, wieder hinzusehen.

Die Londoner Straßenszenen wurden auf dem Gelände der Universal Studios gedreht — es waren die einzigen Außenaufnahmen für DRACULA.

»An diesen beiden Tagen«, erzählt der Produzent Chuck Mulvehill, »hat es geregnet. Es war bewölkt und verhangen. Es war perfekt.«

Halbnah auf Dracula
als er stehenbleibt und sie über die Straße hinweg anstarrt.

DRACULA
(flüstert)
    Sieh mich an!

Mina betritt unvermittelt eine Apotheke.

[Apotheke — Tag]

Dracula steht vor dem Fenster und schaut hinein. Die
anderen Leute spiegeln sich in der Scheibe, Dracula jedoch
nicht. Der Zeitungsverkäufer kommt zu Dracula und ver-
kauft ihm eine Zeitung.

Einblendung — die Zeitung
Die *Pall Mall Gazette;* die Schlagzeile: ›Entflohener Wolf‹
und ›Heftiger Sturm‹.

Nahaufnahme auf Dracula
Er blickt auf.

Draculas P. O. V.
Das Fenster, Mina in der Apotheke. In der Spiegelung im
Fenster sieht man die Zeitung in der Luft schweben.

An der Tür
Mina, im Begriff, die Flasche in ihre Tasche zu stecken,
kommt aus der Apotheke . . . und stößt mit Dracula
zusammen *(Zweier-Einstellung)*. Die Flasche fällt. Kameraschwenk mit der Flasche und Draculas Hand, die sie auf-
fängt. Schwenk nach oben mit der Medizinflasche zurück
in Zweier-Einstellung.

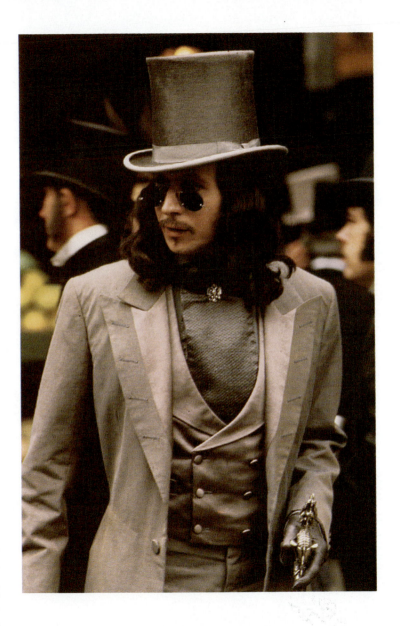

WAS MACHT JEMANDEN ZUM VAMPIR?

Über die Jahrhunderte hinweg, in denen Vampire in Legenden, Romanen und Filmen aufgetaucht sind, hat es immer wieder Verwirrung darüber gegeben, wer oder was ein Vampir ist und was er (oder sie) kann.

Was das Körperliche angeht, so werden Vampire zumeist als extrem bleich beschrieben: Sie sollen dunkle Haare haben und rote, brennende Augen; sie sind groß, hager und haben leichenhafte Gesichtszüge; manchmal fühlen sie sich kalt an, wenn man sie berührt — oder, wenn sie weiblich sind, sind sie geisterhaft schön mit sehr roten, sinnlichen Lippen und glänzenden Augen. Typisch für sie ist, daß sie keinen Schatten werfen (obwohl manche Filmemacher sie ihnen wiedergegeben haben!) und daß sie kein Spiegelbild haben.

In den frühen Legenden töten sie ihre Opfer, indem sie sie in die Brust beißen oder sie ersticken; erst spätere Verfasser nehmen den Hals als bevorzugte Stelle für den Biß. Die meisten Vampire bevorzugen junge Frauen, Kinder oder schöne junge Männer. Oft üben sie auf die Opfer eine Art von Hypnose aus, die sie ihrem Willen unterwirft.

Zu den Methoden, mit denen man einen Vampir vernichten kann, gehört das bekannte Pfählen, Verbrennen oder Enthaupten, aber auch, wenn man ihm die Möglichkeit nimmt, Blut zu trinken, das Durchbohren des Herzens, das Töten mit einem geweihten Schwert — sogar das Entfernen der Zähne! Kurzfristig wirkende Abwehrmittel sind Kruzifixe, Knoblauch, Hundsrosen, Weihwasser, der »Heilige Kreis« und Hostien.

Vampire besitzen eine außergewöhnliche Kraft und die Fähigkeit, ihre Gestalt zu wandeln, obwohl es ungewöhnlich ist, daß Dracula als

Nebelerscheinung vorkommt. Ihrer Macht ist jedoch in vielfältiger Weise Grenzen gesetzt, so müssen sie zum Beispiel eingeladen werden, die Schwelle des Hauses eines Opfers zu überschreiten.

Kann ein Vampir Tageslicht ertragen? Die meisten Quellen, die auf dem alten Glauben basieren, daß in der Nacht das Böse herrscht, sagen nein. Stoker ist die Ausnahme: Dracula bewegt sich auch während des Tages draußen, obwohl seine Kräfte dann stark vermindert sind (»Er kann sich selbst nur dann verwandeln, wenn es exakt Mittag ist oder bei Sonnenaufgang sowie -untergang.«). Im Gegensatz dazu zerfällt Murnaus Film-Nosferatu zu Staub, als er in der Morgendämmerung von den ersten Strahlen der Sonne getroffen wird, und die modernen Roman-Vampire von Anne Rice müssen sich unter die Erde begeben, wo auch immer sie sich gerade befinden.

Ein anderer Punkt, an dem die Meinungen auseinandergehen, ist der, wie Vampire entstehen. In den traditionellen Erzählungen wird die Person, die von einem Nosferatu getötet wird, nach ihrem Tod selbst zu einem Vampir. In Stokers Roman jedoch wird angedeutet (und bei Rice explizit gemacht), daß ein Blutaustausch zwischen Opfer und Vampir stattgefunden haben muß.

Max Schreck als Dracula in F. W. Murnaus Film NOSFERATU, 1922

Über Minas Schulter hinweg auf Dracula

DRACULA
   Ich bitte inständig um Verzeihung für meine Unhöflichkeit. Ich bin erst kürzlich aus dem Ausland gekommen und kenne Ihre Stadt nicht. Ist es einer schönen Dame gestattet, einer ›verlorenen Seele‹ den Weg zu weisen?

*Draculas Spazierstock
mit dem verzierten Griff.*

Über Draculas Schulter hinweg auf Mina

MINA

Einer ›verlorenen Seele‹ würde ich die Westminster-Kirche empfehlen. Sie können sich auch für Sixpence einen Straßenplan kaufen. Guten Tag.

Zweier-Einstellung
Sie streckt die Hand aus. Er will sie schon mit zitternder Hand ergreifen, da merkt er, daß er immer noch ihre Medizin hat. Er gibt sie ihr; sie steckt sie in ihre Einkaufstasche.

DRACULA

Haben Sie als moderne Frau nicht das Recht, aus freien Stücken ein intelligentes Gespräch zu führen und sich zum Partner zu wählen, wen immer Sie wollen?

MINA
(spürt die Herausforderung)
Vielleicht — aber ich ziehe vor, es nicht zu tun.

Die Kamera folgt zuerst Mina. Sie drängt sich an ihm vorbei und geht weiter. Kamera bleibt bei Dracula, der sich höflich verbeugt und sie gehen läßt.

DRACULA

Ich habe Sie gekränkt. Ich möchte nur gern wissen, wo sich der Kinematograph befindet. Man hat mir gesagt, er sei eins der Wunder der Zivilisation.

MINA

Wenn Sie kulturelle Erbauung suchen, gehen Sie ins Museum. London hat sehr viele. Wenn Sie mich jetzt entschuldigen wollen?

Draculas P. O. V. — Mina entfernt sich

Leereinstellung
Mina kommt ins Bild. Die Kamera fährt vor ihr zurück und
zeigt Dracula im Vordergrund. Mina ist schockiert, empört.

DRACULA
　　Eine so schöne und . . . intelligente Frau sollte nicht
　　ohne ihren Begleiter durch Londons Straßen gehen.

MINA
　　Kenne ich Sie, Sir? Sind Sie vielleicht ein Bekannter
　　meines Mannes? Soll ich die Polizei rufen?

DRACULA
　　Ich werde Sie nicht mehr belästigen.

Er gibt sich geschlagen, macht eine Verbeugung und
wendet sich zum Gehen.

Nah auf Mina
Sie ist verwirrt; sie kämpft gegen die Regeln des
Anstands —

MINA
　　Sir, ich bin unhöflich gewesen. Der Kinematograph
　　ist . . .

Auf Dracula
Er dreht sich um und grinst wie ein liebeskranker
Schuljunge.

DRACULA
　　Bitte. Erlauben Sie, daß ich mich vorstelle. Ich bin
　　Prinz Vlad von Szeklys.

MINA
(amüsiert)
Kein Geringerer als ein Prinz.

DRACULA
Ich . . . ich bin Ihr Diener.

Kamerafahrt vor Dracula her bis zu einer Zweier-Einstellung mit Mina.

Halbnah auf Mina

MINA
Wilhelmina Murray —

Zweier-Einstellung

DRACULA
Die Ehre ist ganz auf meiner Seite, Madam Mina.

Mina ist entwaffnet und verzaubert; sie lächelt zögernd. Man sieht, wie sie sich umdrehen und in die Richtung gehen, aus der sie gekommen sind. Die Kamera schwingt sich nach oben: man sieht Prinz Dracula, der seine Freude nicht fassen kann und Mina in den Menschenwirbel der Londoner Straßen begleitet. Die Straßenlaternen werden angezündet. Big Ben läutet. Man sieht den großen Schatten des ausgebrochenen Wolfes.

Schnitt: [Eingangshalle in Hillingham — Abend]

Glockenschläge zeigen die Stunde an. Jack Seward tritt
ein und blickt auf seine Uhr. Hobbs, der Butler, nimmt
ihm Hut und Mantel ab.

SEWARD
Mr. Holmwood bat mich vorbeizukommen, um nach
Miss Lucy zu sehen.

Verständnisvolles Nicken von Hobbs.

[Wintergarten — Abend]

Halbtotale-Lucy
Steht vor einem Spiegel in der Nähe des Fensters,
während eine Frau ihr das Hochzeitskleid absteckt.

HOBBS (Off)
Dr. Seward, Miss Lucy —

Sie dreht sich freudestrahlend um ... Die Kamera fährt
näher heran.

LUCY
Jack — mein genialer Jack. Gefällt es dir?

Sie dreht sich, damit er das Kleid bewundern kann. Ihre
Haut ist kreidebleich, sie hat an Gewicht verloren, wird
hager. Die Wangen sind etwas eingesunken, das Zahnfleisch bildet sich zurück, dennoch wirkt sie sexy. Die
ersten Stadien der Verwandlung in einen Vampir.

Halbnah auf Seward
Über ihr Aussehen erschrocken.

Halbtotale — Lucy
Seward kommt ins Bild.

LUCY

Hat Arthur dir das aufgetragen? Oder wolltest du nur noch einmal mit mir allein sein, bevor ich heirate?

Während sie ihn auf diese Weise quält, spielt sie mit dem engen Kragen an ihrem Hals. Seward zwingt sich ein Lachen ab und verbirgt seine Gefühle. Er gibt ihr die Hand — keinen Kuß, und führt sie zum Sofa, wo beide in einer großgefaßten Zweier-Einstellung ins Bild kommen. Er zieht sein Notizbuch heraus.

SEWARD

Wirklich Lucy — du machst mich verlegen — ich bin hier als dein Arzt. Dein Verlobter ist in großer Sorge um dich, und ich kann dir versichern, daß das, was du deinem Arzt anvertraust, niemals über seine Lippen kommen wird. Sag mir, was dir fehlt.

Zweier-Einstellung — näher
Lucy legt sich auf dem Sofa zurück und versteckt ihre Augen hinter der Hand. (Musikeinsatz.)

Nahaufnahme Lucy

LUCY

Hilf mir, Jack. Bitte, ich weiß nicht, was mit mir geschieht. Eine Veränderung geht mit mir vor — Ich höre alles — die Diener, die am anderen Ende des Hauses miteinander flüstern — die Mäuse auf dem Speicher, die sich wie eine Elefantenherde anhören... Ich habe schreckliche Alpträume, Jack... immer wieder diese Augen... Und ich kann Dinge im Dunkeln genauso sehen wie am hellichten Tag — und ich

Dr. Seward ist einigermaßen verwirrt über Lucys Symptome.

komme um vor Hunger, aber ich kann den Anblick von Essen nicht ertragen. Hilf mir — Jack —

Sie keucht, bekommt kaum noch Luft und klammert sich an Seward.

Halbnah auf Seward
Er bereitet eine Spritze vor.

SEWARD
    Ich bin ja da, Lucy, hab keine Angst —

Die Kamera fährt zurück, um Lucy mit ins Bild zu bekommen, während er ihr die Spritze in den Arm sticht. Dabei streichelt er ihr tröstend über die Wange — er liebt sie immer noch, aber er hat sie verloren. Lucy stöhnt — das Mittel fängt an zu wirken.

LUCY
(stöhnt)
    O Jack — küß mich!

Gegen seinen Willen tut er es.

[Hillingham — Abend]

Untersicht/total
Holmwood und Quincey kommen mit ihren Jagdfreunden
angeritten. Sie sind ausgelassen und scherzen miteinander.
Kameraschwenk mit ihnen zur Tür, an der Seward steht.

Auf Holmwood
Er ruft vom Pferd herunter:

HOLMWOOD
    Hallo, Jack, wie geht's unserer schönen Patientin
    heute?

Auf Seward
Es ist deutlich, daß er nicht weiß, wie er es beschreiben
soll.

SEWARD
    Um die Wahrheit zu sagen, Arthur, ich bin verwirrt.

Halbtotale
Holmwood und Quincey steigen vom Pferd. Kameraschwenk mit ihnen zu Seward.

QUINCEY
(gibt ihm einen groben Klaps auf den Rücken)
    Ooch — grübelst du wieder über Lucy nach, Jack?

[Großer Saal — Tag]

Dreier-Einstellung/Halbnah, Fahrtaufnahme von vorn
Seward führt sie in den großen Saal.

SEWARD

Sie hat Schwierigkeiten beim Atmen – aber eine
Infektion liegt nicht vor. Sie klagt über schreckliche
Alpträume, kann sich aber nicht an sie erinnern.

HOLMWOOD

Und, was schließt du daraus?

SEWARD

Ich kann nur den Schluß ziehen, daß es psychisch
bedingt ist.

HOLMWOOD

Hörst du das, Quincey? Vor einer Woche wollte er sie
noch heiraten – und jetzt möchte er sie einsperren.
Laß uns mal selbst nachschauen, ja?

Quincey und Holmwood lachen. Sie betreten den Wintergarten.

[Wintergarten – Abend]
P. O. V. der Männer – Lucy in einem unruhigen Schlaf.

Blick auf die Männer
Holmwood und Quincey sind erschrocken über ihren
Zustand. Die Kamera nähert sich ihnen und verliert
Seward aus dem Bild.

Einzeleinstellung mit Seward

SEWARD

Ich muß zugeben, daß ich mir keinen Rat mehr weiß.
Ich habe mir daher erlaubt, ein Telegramm an Abra-
ham Van Helsing zu schicken, den Metaphysiker und
Philosophen . . .

ZAUBEREI AUF DER LEINWAND

Kurz vor der Jahrhundertwende eroberte eine neue Mode London: die beweglichen Bilder. Die Menschen standen außerhalb des Cinematographen in langen Schlangen an, um Zeuge dieser wunderbaren Verbindung von Wissenschaft und Bühnenzauberei zu sein.

Der *cinématographe*, ein kombinierter Kamera-Projektor, war 1894 von Louis Lumière entwickelt worden, einem der großen französischen Pioniere des Films. Dabei wandte er frühere Erfindungen von Edward Muybridge und besonders von Thomas Edison an, dessen Knetoskop in der Lage war, einen Film zu zeigen und ihn mit einer Schallplatte zu synchronisieren. Zu Edisons Erfindung gehörte jedoch kein Projektor, so daß die Filmstreifen nur jeweils von einer einzigen Person gesehen werden konnten; es war so etwas wie eine »peep show« durch ein Loch in einem Kasten.

Lumières Cinematograph, der später von dem Bühnenzauberer Georges Méliès benutzt wurde, projizierte Bilder auf einen Hintergrund, so daß ein größeres Publikum voller Ehrfurcht zuschauen konnte. Méliès war außerdem Puppenspieler, und die Geschichten vieler früher Filme wurden durch Schattenbilder erzählt. Diese Technik wurde von

Coppola wiederbelebt und abgewandelt, um die Schlacht aus dem 15. Jahrhundert darzustellen, mit der der Film beginnt. Projizierte Silhouetten und realistischer wirkende Puppen wurden im Hintergrund und im Mittelteil benutzt, während im Vordergrund Live-Action stattfindet, um der Szene mehr Tiefe und eine graphische Wirkung zu verleihen.

Vergangenheit, Gegenwart und Zukunft verbinden sich in einem filmischen Scherz, wenn eben diese Sequenz (angesiedelt im Jahr 1462 und gefilmt im Jahr 1991) durch den Cinematographen auf eine Leinwand projiziert wird, mit Dracula und Mina 1897 in London als Zuschauern.

Die Schlacht zwischen den Rumänen und den Türken, als Puppenspiel auf eine Wand projiziert.

QUINCEY
Hört sich nach einem gottverdammten Medizinmann an.

SEWARD
Van Helsing weiß mehr über obskure Krankheiten als sonst jemand auf der Welt. Er war mein Lehrer und Mentor.

HOLMWOOD
Ja, mach das, Jack, hol ihn auf jeden Fall her. Ich werde keine Kosten scheuen.

Nahaufnahme Lucy
auf dem Sofa. Sie stöhnt im Schlaf. Die Kamera rückt etwas näher; Lucys Hand liegt auf dem engen Kragen, sie zieht ihn herunter und man sieht zwei rote Male.

Schnitt: [Kinematograph/Stummfilmtheater — Abend]

Nahaufnahme von Queen Victoria
Die Kamera fährt zurück und man sieht auf der Leinwand
die Projektion Königin Victorias in einer Kutsche; sie feiert
den 60. Jahrestag ihrer Thronbesteigung.

Totale
Im Kinematograph. Die Menschen stehen dichtgedrängt in
dem kleinen dunklen Raum, bewundern die Leinwand und
einen der frühen Kurzfilme. Bild auf Mina, die nahe bei
Dracula steht. Er spricht gerade über die täuschende Echt-
heit der Bilder auf der Leinwand.

DRACULA
     Erstaunlich. Es gibt keine Grenzen für die Wissen-
     schaft.

Über Dracula hinweg auf Mina

MINA
     Wie können Sie das da . . .
     (deutet auf die Leinwand)
          ›Wissenschaft‹ nennen? Meinen Sie denn, dieses
          Spektakel hätte etwas mit Wissenschaft zu tun? Also
          wirklich!

Über Mina hinweg auf Dracula
Er lacht wie ein Schuljunge und schaut sie verlangend an.
Mina wird es plötzlich bewußt, daß sie mit diesem
anziehenden Mann allein ist.

MINA
     Ich hätte nicht herkommen sollen. Ich muß jetzt
     gehen.

Sie wendet sich zum Gehen, aber er ist ungestüm. Seine
Hand hält sie plötzlich fest.

DRACULA
Hab keine Angst vor mir.

Er ist stärker und zieht sie tiefer in den Schatten des Vor-
führraumes.

Zweier-Einstellung — Silhouette
Mina atmet heftig — ängstlich und aufgeregt, von ihren
Gefühlen überwältigt. Sie fühlt sich auf eine Art zu ihm
hingezogen, die sie nicht versteht.

MINA
Nein — bitte, hören Sie auf — lassen Sie mich —

DRACULA *(flüstert auf rumänisch)*
Du bist die Liebe meines Lebens.

MINA
(zittert vor Furcht)
Mein Gott — wer sind Sie? Ich kenne Sie ...

DRACULA
Ja, du bist es — sie, die ich verloren habe. Ich habe
das Meer der Zeit überwunden, um dich zu finden ...

Zweier-Einstellung — Nah
Dracula wendet sich von ihr der Kamera zu, seine großen
Fangzähne scheinen wie die einer Schlange. Er neigt sich
zu ihr hinunter und will die Zähne in die pulsierende Ader
ihres Halses versenken — doch fühlt er mit Staunen, daß
seine Gefühle ihn daran hindern; und seine Zähne bilden
sich zurück. Seine Augen brennen wie zwei rote Laser-
strahlen in der Dunkelheit.

228

Londoner Bürger und Bürgerinnen bei einer Lichtspielvorführung.

DEN VERSTAND – EINES MANNES UND DAS HERZ – EINER FRAU –

Mina Harker, das heroische Opfer in Stokers Roman und Draculas lang verlorene Liebe im Coppola-Film, wird von Winona Ryder dargestellt – die auch eine Schlüsselrolle dabei gespielt hat, James Harts Drehbuch zu einem Produzenten zu verhelfen.

Ryder hatte viele Drehbücher gelesen, während sie nach einer Rolle suchte, die über die Teenager-Rollen hinausging, die sie so wirkungsvoll gespielt hatte. Sie fand sie in der starken Figur der Mina, die sich, obwohl unwiderstehlich zu Dracula hingezogen, dennoch den Vampirjägern anschließt, um ihn zur Strecke zu bringen. Ihr Mut und ihre Findigkeit bringen Dr. Van Helsing dazu zu sagen, daß sie »den Verstand eines Mannes und das Herz einer Frau« habe – was zu Stokers Zeit ein Kompliment war. »Der Ansatzpunkt für das Drehbuch war, die Story des Buches zu Minas Geschichte zu machen«, sagt Jim Hart.

»Ich habe ›Dracula‹ in der Junior High School gelesen«, erinnert sich Ryder, »und die Art und Weise, wie die Geschichte durch Tagebuchaufzeichnungen erzählt wird, hat mich interessiert, denn ich habe selbst seit meiner frühen Jugend ziemlich regelmäßig Tagebuch geschrieben.«

Als sie Coppola bei einem anderen Projekt begegnete, gab sie ihm das Dracula-Drehbuch, und sie war gleichermaßen überrascht wie erfreut, als er erklärte, daß er zu diesem Buch Regie führen wollte. »Ich glaube«, sagt sie, »Francis und mir gefielen die gleichen Dinge an dem Script, das romantisch und einfühlsam und episch ist... es ist eigentlich gar kein Vampirfilm. Für mich ist es mehr die Geschichte von Dracula, dem Mann, dem Krieger, dem Prinzen. Er ist ganz anders als jeder andere Mann — er ist geheimnisvoll und sehr sinnlich — auf eine gefährliche Art attraktiv.

Ryder, die ihren Vornamen nach ihrem Geburtsort Winona in Minnesota erhalten hat, zog, als sie noch klein war, mit ihren Eltern in das nördliche Kalifornien. Schon in ihren frühen Teenagerjahren trat sie mit dem anspruchsvollen American Conservatory Theater auf. Nach ihrem Filmdebüt in »Lucas« hatte sie Rollen in neun weiteren Spielfilmen, darunter in »Heathers«, »Great Balls of Fire«, »Mermaids« und Jim Jarmuschs »Night on Earth«, sowie in den Tim-Burton-Filmen »Beetlejuice« und »Edward Scissorhands«.

Ryder mußte sich für die Rolle der Mina einen englischen Akzent zulegen und sich mit angemessenem viktorianischem Benehmen vertraut machen — zu ihren Vorbereitungen gehörte, sich Filme aus dieser Zeit anzusehen und »alles mit Maggie Smith«, aber auch, Bücher über korrektes Benehmen zur Zeit der Jahrhundertwende zu lesen. Dennoch fand sie auch einen unserer Gegenwart entsprechenden Zug in der Rolle. »Sie ist für ihre Zeit ausgesprochen unabhängig«, bemerkt Ryder. »Sie hat Kraft und ist intelligent, dennoch ist ihre Verbindung zu Dracula ihrer Kontrolle nicht unterworfen.«

Einzeleinstellung — die Silhouette des Wolfs
die sich einen der Seitenflure entlangbewegt. Im Publikum
schreit eine Frau auf.

Totale — der Wolf
ist hinter den beiden, er läuft den Flur entlang auf Mina
zu. Sie reißt sich von Dracula los. Schwenk mit ihr zur
Leinwand. Der Wolf durchquert den Raum vor der
Kamera, hält an und versperrt ihr den Weg.

Von unten auf den Wolf
Er knurrt mit zurückgezogenen Lefzen. Dracula kommt
links hinter dem Wolf ins Bild. Er macht eine weitaus-
holende Geste und spricht zu dem Wolf in seiner Mutter-
sprache.

Dracula
    Strigoi! Moroi!

Der Wolf duckt sich — er unterwirft sich seinem Herrn und
winselt.

Halbnah auf Mina
Im Hintergrund auf der Leinwand läuft immer noch der
Film, die Bilder flackern über das Tier und die Frau. Mina
ist so verschreckt, daß sie nicht einmal schreien kann —

Auf Dracula und den Wolf
Dracula winkt ihn mit einer sanften Bewegung heran. Der
große Wolf geht gehorsam, mit gesenktem Kopf, auf ihn
zu. Er nimmt den Kopf des Wolfs zwischen seine weißen
Handschuhe, krault seine Ohren und streichelt seinen
großen Rücken.

Dracula
    Komm her, Mina... hab keine Angst...

Minas Begegnung mit dem Wolf.

Halbnah auf Mina
Mina schüttelt heftig den Kopf. Dracula kommt von links ins Bild. Er nimmt sie bei der Hand. Die Kamera fährt mit ihnen auf den Wolf zu. Sie wehrt sich, als er ihre Hand zu dem Tier zieht – dann berührt sie das weiche Fell.

Großaufnahme
Ihre Hände auf dem Fell. Sie streichelt seinen starken Nacken.

233

DRACULA
    Er mag dich.

Nahaufnahme Mina
Sie blickt ihn an — sie ist wie berauscht, einer Ohnmacht nahe. Zwischen ihnen herrscht wortloses Einverständnis. Mina ist nun das genaue Abbild von Elizabeth, sie fühlt sich wie verzaubert, als sie vertrauensvoll den Wolf streichelt.

DRACULA
    Wir können viel von den Tieren lernen.

Nahaufnahme Dracula
Er nimmt die Brille ab; seine Augen sind wieder strahlend blau —

Aus Francis Coppolas Aufzeichnungen:

»Jeder kennt das Phänomen, wenn man versucht, unter Wasser den Atem anzuhalten. Zuerst ist es ganz leicht und du denkst, ›Was ist schon dabei?‹, und dann kommt der Punkt immer näher, wo du Luft holen müßtest, und dann wird es allmählich unerträglich – das Bedürfnis, Luft zu kriegen. Und dann kommt die Panik, wenn du dir vorstellst, daß du nie mehr atmen könntest – und dann endlich, wenn du wieder einen tiefen Atemzug machen kannst und deine Angst abklingt... So fühlt sich ein Vampir, der nach Blut dürstet.«

[Himmel — Nacht]

Großaufnahme — der Vollmond

[Hillingham — im Mondlicht]

Hillingham in der Abenddämmerung. Das Haus ist nur ein Modell und so groß wie ein Puppenhaus.

Totale
(Musikeinsatz.) Eine elegante Kutsche hält vor dem Haus. Dracula hilft Mina beim Aussteigen; das Licht des Mondes umstrahlt sie. Die Kamera fährt mit ihnen bis in eine Zweier-Einstellung (die Mina hervorstellt). Sie verweilt noch, möchte den Abschied hinauszögern. Er genießt das

Mondlicht. Stille. Beide sind voneinander gebannt, unfähig, sich zu trennen. Er beugt sich nieder und küßt ihre Hand. Mina streckt ihre Hand aus, um ihm — wie dem Wolf — über das Haar zu streicheln, dann besinnt sie sich und zieht die Hand zurück.

Fahrtaufnahme hinter Mina (amerikanische Einstellung)
Sie geht auf die Haustür zu. Sie ist sehr erregt, ihr Gesicht gerötet, sie kann ihre Aufregung nicht verbergen. Sie hält an und schaut sich um —

Minas P. O. V.
Dracula ist verschwunden.

Abblende. Aufblende.

Aus Francis Coppolas Aufzeichnungen:

»Als Dracula Mina nach Hause begleitet, ist es früher Abend, vielleicht so zwischen sechs und acht Uhr. Es ist so eine magische Übergangszeit, wo die ersten Lichter und Laternen aufflammen. In ›Limelight‹ — oder in anderen Filmen, die in der viktorianischen Zeit spielen, gibt es immer eine Spaziergangsstunde, eine Zeit der Rendezvous am frühen Abend, bevor die jungen Damen nach Hause eilen. Es ist also nicht so, daß sie mit einem Fremden noch spät in der Nacht unterwegs ist.«

Einblendung — Sewards Telegramm an Van Helsing über Lucys Krankheit
Es kommt aus dem Telegraphen:
Kommen Sie unverzüglich. Liebe Freundin dem Tode nahe. Eine der medizinischen Lehre völlig unbekannte Blutkrankheit. Brauche dringend Ihre Hilfe. Jack Seward.

[Amsterdam — Laboratorium — Tag]

Blut unter dem Mikroskop
Pulsierend. Wirbelnde Zellen. Die Blutkörperchen kämpfen, greifen eine körperfremde Zelle an.

Nahaufnahme von unten
Abraham Van Helsing hält vor einer Handvoll Studenten eine Vorlesung. (›Seine Kopfhaltung deutet auf einen gebildeten und machtvollen Charakter... in eine Form aus Geheimnis und Freundlichkeit gemeißelt... dunkelblaue Augen, die je nach Verfassung zärtlich oder streng blicken können.‹)

VAN HELSING
Der tropische Pampasvampir muß jeden Tag das Zehnfache seines Körpergewichts an frischem Blut aufnehmen, sonst sterben seine eigenen Blutzellen.

Schwenk auf seinen Daumen; er ritzt ihn mit einer Lanzette.

Nahaufnahme einer Fledermaus
Van Helsing hält die blutende Hand in einen Käfig mit zwei kleinen Fledermäusen. Die Tiere heften sich an seine Hand und saugen Blut.

Van Helsing in seinem Vorlesungssaal

Blick auf die Studenten
Sie sind hörbar geschockt, als sie die aufgeregten Tiere
sehen.

Von unten auf Van Helsing
Er scheint es zu mögen, daß die Fledermäuse sein Blut
saugen, er genießt seine Wirkung auf die Studenten.
Schließlich reißt er seine Hand aus dem Käfig und ärgert
die Fledermäuse mit den blutigen Fingern, während die
Kamera nach oben auf sein Gesicht schwenkt.

VAN HELSING
Ein niedlicher kleiner Schädling, *ja?*

Zoom zurück auf Weitwinkel

VAN HELSING
Das Blut — und die Krankheiten des Blutes . . . z. B.
die Syphilis. Ihr Name, ›venerische Krankheiten‹ — die
Krankheiten der Venus — schreibt ihnen einen gött-
lichen Ursprung zu. Sie sind Teil der Geschlechter-
problematik, die so eng mit den Idealen und der
Ethik der christlichen Zivilisation verbunden ist.
Tatsache ist, daß Zivilisation und Syphilisation sich
in gleicher Weise entwickelt haben . . .

Die Studenten lachen, unangenehm berührt. Ein Assistent
tritt ein, der ein Telegramm in der Hand hält; er geht auf
Van Helsing zu.

VAN HELSING
Ja . . . Was ist?

ASSISTENT
Es kam aus dem Telegraph, Professor.

241

VAN HELSING
Telegraph . . .
(er liest)
Danke. Das wäre alles für heute, Gentlemen. Guten
Tag.

Beifall — die Studenten klopfen auf ihre Pulte.

VAN HELSING
Für den Bericht bezeuge ich, daß ich, Abraham Van
Helsing, von diesem Zeitpunkt an persönlich in die
seltsamen Ereignisse hineingezogen wurde.

Einblendung — Schloß Dracula — Außen

*Überblendung zu: [Schloß Dracula — Frauengemächer —
regnerischer Tag]*

Ein Blutstropfen rinnt langsam über eine steinerne Ober-
fläche.

Großaufnahme der jüngsten Braut
Offener Mund mit blutigen Zähnen.

Von oben
auf Harker, der gegen das Fenster gedrängt ist: er sieht
aus wie gekreuzigt. Er ist fast nackt, seine Augen eingesunken; sein Haar fängt an, grau zu werden. Er ist nur
noch eine menschliche Hülle, von Hunger und Furcht aus-
gehöhlt. Die Bräute umringen ihn. Die Kamera fährt langsam herunter, während die jüngste ihn streichelt und sich
das Blut von den Fingern leckt. Seine Arroganz hat sich in
Nichts aufgelöst — und das Martyrium ist noch nicht zu
Ende.

HARKERS STIMME
Morgens. Dies sind vielleicht die letzten Worte, die ich
in dieses Tagebuch schreibe. Dracula hat mich diesen
Frauen, diesen Ausgeburten der Hölle, überlassen. Sie
saugen nur so viel Blut, daß ich gerade noch am
Leben bleibe, zu schwach, um zu fliehen. Heute werde
ich es ein letztes Mal versuchen – es gibt einen Weg,
der sehr gefährlich ist, aber vielleicht kann ich es bis
zum Fluß schaffen... O Mina, wie sehne ich mich
danach, dich noch einmal zu sehen!

Während er zu Ende spricht, schwenkt die Kamera auf das
Mosaik von Elizabeths Gesicht.

[London, Hillingham – Nacht]
Draculas P. O. V. – ›Pixillation‹
beginnt auf einer Straße in London; man sieht Ratten und
Kakerlaken die Straße entlanghuschen.

[Hillingham – Nacht]

Van Helsings Kutsche kommt die Straße heraufgefahren.
Man sieht Hillingham im Hintergrund.

Untersicht/total
Dichter Nebel. Die Kutsche hält vor dem Haus. Van Hel-
sing steigt aus; er trägt einen Koffer. Man sieht seinen
Schatten an der Hauswand. Die Kutsche fährt davon, und
Van Helsing ist nun im Bild. Er steht unbeweglich, sin-
nend, lauscht in die Nacht. Dann, von einem plötzlichen
Impuls erfaßt, steigt er eilig die Stufen hoch.

Dr. Sewards Tagebuch

Als wir allein waren, sagte Quincey zu mir: »Jack Seward, ich mische mich nicht gern in Dinge ein, die mich nichts angehen, aber dies ist kein gewöhnlicher Fall. Sie wissen, daß ich das Mädchen geliebt habe und daß ich sie heiraten wollte, aber obwohl das alles inzwischen Vergangenheit ist, kann ich doch nicht umhin, mir Sorgen um sie zu machen. Was ist eigentlich los mit ihr? . . . Ich habe noch nie jemanden so schnell dahinsiechen sehen, seit ich damals in der Pampa war und eine Stute hatte, die ich sehr mochte, die aber in einer einzigen Nacht zugrunde ging. Eine dieser großen Fledermäuse, die man Vampire nennt, hatte sie in jener Nacht angefallen, und die durchbissene Gurgel und die offene Ader hatten das Blut herausfließen lassen, soviel, daß sie nicht mehr aufstehen konnte, und so war ich gezwungen, ihr eine Kugel in den Kopf zu jagen, während sie dort lag.«

Francis Coppola über Draculas besonderen P. O. V.:

»Der Blickwinkel eines Raubtieres sollte immer furchteinflößend sein, wie das z. B. in *Der Weiße Hai* der Fall war. Ich
würde gern etwas ganz Besonderes finden, um das darzustellen. Den Blick aus der Luft auf irgendeine Landschaft herunter kennen wir schon aus anderen Vampirfilmen. Ich möchte
nicht so einen Aufwand betreiben, sondern etwas Einfache-
res machen, das aber sehr spannend sein soll.«

Roman Coppola:

»Wir nennen es ›Pixillation‹* — Draculas schnellbeweglichen
P. O. V. Es ist dem Zeichentrick ähnlich — durch eine Vor-
richtung in der Kamera können Einzelbilder geschossen werden. Der Trick besteht darin, die Bilder dann in unregelmä-
ßiger Reihenfolge zu verbinden: Einzelbilder und dann plötzlich mehrere Bilder pro Sekunde, zufällig — um so den
Effekt einer tierhaften Sinneswahrnehmung zu erreichen,
etwas, das vormenschlich wirkt.«

---

*›pixilated‹: überspannt, überkandidelt; (Anm. d. Übers.)

›Pixillation‹ – P. O. V. (Fortsetzung)
zur Vorderfront von Hillingham (Nachbildung im Kleinformat) weiter durch den Garten an einem Busch vorbei, unter dem ein toter Vogel liegt, zur Rückseite des Hauses; vollführt einen Sprung und gleitet auf Lucys Balkonfenster zu.

DRACULAS STIMME
(sein Flüstern ... ist kaum zu hören)
    Lucy ... Lucy ... Lucy ... komm zu mir!

[Lucys Schlafzimmer — Nacht]

Nah auf Lucys Hand, die das Satinbettuch packt und langsam zur Seite zieht.

Gegenschuß auf Dracula
Er beobachtet sie durchs Fenster (Nachbildung in kleinerem Format — er füllt den Rahmen vollständig aus). Er fährt sich mit den Händen über den Körper, und macht eine Armbewegung zu ihr hin, als ob er sie an sich ziehen wollte.

Lucy hört Draculas Ruf. Eiko Ishioka hat für jeden Charakter eine Hauptfarbe ausgesucht — Lucys ist Orange, wie vor allem in ihren Nachtgewändern zu sehen. »Ich wollte erreichen, daß ihr Kostüm sich von den dunklen Nächten abhebt«, sagte Eiko.

Vogelperspektive/Halbnah
auf Lucy, die der Kamera den Rücken zuwendet. Sie spürt
seine Gegenwart und dreht sich um. Die Kamera fährt
zurück, während sie schamlos lächelt und ihren Körper
entblößt.

Draculas P. O. V. − Lucy
Die Kamera fährt an ihrem Körper entlang, während sie
sich durch ihre eigenen Berührungen erregt. Ihre Hände
gleiten an ihrem Körper hoch bis zu den Brüsten. Der
Kameraschwenk endet auf ihrem Hals; sie nimmt den Kragen ab − streichelt ihren Hals langsam − dann schneller
− rhythmisch . . . Ihre Lust ist geweckt. Dies ist es, wonach
sie sich so lange gesehnt hat.

Über Lucy hinweg
auf den verlängerten Schatten von Draculas klauen-
ähnlichen Händen, die er nach ihr ausstreckt. Als er
näher kommt, welkt in einer Vase ein Blumenstrauß.

Seward begrüßt seinen Lehrer Van Helsing.

Ein Zeitalter der Wunder

»Es gibt keine Grenzen für die Wissenschaft«, staunt Dracula, als er zum ersten Mal das Wunder Film sieht. Das späte Viktorianische Zeitalter, in dem *Dracula* spielt, war eine Periode großer technologischer Innovation, eine Zeit, in der Wissenschaft und Rationalität mit Tradition und Glauben aufeinanderprallten. Stoker dramatisiert diesen Zusammenstoß in seinem Roman, und Coppola hat ihn hervorgehoben.

Minas Schreibmaschine und Stenographie, Jack Sewards Registrierapparat und seine psychologischen Forschungen, der Film selbst und die primitiven Blutübertragungen, um Lucy zu retten – alles zeigt Stokers starkes Interesse an wissenschaftlichem Fortschritt. Coppola sucht neue Bilder, um »das Publikum aufzurütteln«, und er spielte mit dem Gedanken, die Kutsche, die Harker nach Schloß Dracula bringt, durch »eine Art unglaublichen Tourenwagen« zu ersetzen. Die Blutgruppenbestimmung gibt es erst seit 1912, und so waren versuchte Blutübertragungen

vorher mit einem hohen Risiko behaftet. Manchmal klappten sie, manchmal nicht; die Ärzte wußten nicht, warum. Dieses Geheimnis erweitert die symbolische Bedeutung von Blut in der Dracula-Geschichte.

Blut ist die Quelle allen Lebens und »der Saft aller Leidenschaft«, wie Coppola sagt. Aber in Vampirgeschichten ist es auch ein unheiliges Sakrament (wenn Dracula Blut mit Mina teilt und sie als seine Braut bezeichnet), und das Medium einer gefürchteten Krankheit. Die Ähnlichkeit zwischen Vampirismus und AIDS, beides verbunden mit Blut und Sexualität, blieb bei der Verfilmung von *Dracula* nicht unbemerkt.

»Van Helsing verkörpert den wissenschaftlichen Geist seiner Zeit«, bemerkt Francis Coppola. Teils Sherlock Holmes und teils Sigmund Freud, benutzt Van Helsing seinen starken Intellekt, um Spuren zu verfolgen, Geheimnisse zu lösen und in die Köpfe und Herzen zu sehen. Er ist jedoch nicht an das Rationale gebunden; er respektiert das Übernatürliche, das Unerklärliche. So sagt er zu Seward: »Laß weder deine Augen sehen noch deine Ohren hören, was du dir nicht erklären kannst... Es gibt immer Geheimnisse im Leben.«

[Hillingham — Eingangshalle]

Totale — Steadicamaufnahme
Im Hintergrund betritt Van Helsing den Raum von rechts
und Seward von links. Die Kamera bewegt sich schnell mit
Seward in eine Zweier-Einstellung.

SEWARD

Professor Van Helsing. Wie gut, daß sie gekommen
sind.

Van Helsing, ein exzentrischer Mann, schüttelt Seward
nicht die Hand, sondern gibt ihm Hut und Handschuhe zu
halten — dann erkundet er mit seinem sechsten Sinn die
Atmosphäre des Hauses.
Er fürchtet sich schon vor der Macht, der er sich entgegen-
stellen will —

VAN HELSING

Ich komme immer, wenn mich Freunde in der Not
rufen. Also, Jack — erzählen Sie mir alles über diesen
Fall.

SEWARD

Sie zeigt die üblichen Anzeichen einer Anämie — eine
Blutprobe ergab zwar normale Werte — aber irgend
etwas stimmt hier nicht. Sie hat offenbar wiederholt
Blut verloren; und ich kann die Ursache einfach nicht
finden.

VAN HELSING
(heftig)

Blut verloren? Wie?

[Hillingham — Salon — Nacht]

Zweier-Einstellung/von oben — Nah auf Van Helsing und
Seward, die in ein Gespräch vertieft sind. Weißes Mondlicht fällt in den Raum. Plötzlich ertönt von oben ein lust-
voller, klagender Schrei. Lucy! Kameraschwenk mit ihnen,
als sie zur Treppe rennen.

[Oberer Korridor]

Fahrtaufnahme (Steadicam) hinter ihnen her
als sie auf Lucys Tür zueilen. Lucys lustvolles Stöhnen,
das sich zu einem leidenschaftlichen Höhepunkt steigert.
Die Kamera begleitet Van Helsing und Seward, als sie die
Tür aufreißen, und fährt an ihnen vorbei auf das offene
Fenster zu, dessen Vorhänge flattern.

Draculas Schatten
flieht, läßt eine Blutspur hinter sich.

[Lucys Schlafzimmer]

Aufnahme in Betthöhe
Im Vordergrund Lucy, ausgestreckt auf dem Bett liegend;
auf dem Kopfkissen ein Blutfleck, der schon eintrocknet.
Ihr Nachthemd ist bis zur Taille aufgerissen. Van Helsing
deckt sie zu.

VAN HELSING
    Sie ist doch noch ein Kind!

Lucys Brust hebt und senkt sich, sie ringt nach Atem. Er
fühlt ihren Puls, ihre Halsschlagader. Der Kragen hindert
ihn. Er zieht ihn herunter —

Garten und Labyrinth

Die Gartenkulisse mit Brunnen und Labyrinth.

Der Garten von Gut Hillingham wurde auf Bühne 30 des alten MGM-Filmgeländes (jetzt Sony Studios) errichtet, die das berühmte »Esther Williams Wasserbecken« enthält, einen gewaltigen Swimmingpool aus Beton. Das ermöglichte den Bühnenbildnern, einen ganzen versunkenen Garten zu schaffen, mit reflektierendem Pool, Irrgarten, einem Familienfriedhof, der Londons Highgate Cemetery nachgebildet wurde, und dem eindrucksvollen Eingang zur Westenra-Familiengruft.

»Die Arbeit auf guten Bühnen erleichtert die Innenaufnahmen«, sagt Bühnenbildner Tom Sanders, »aber für Außenaufnahmen können sie schrecklich sein. Man muß das Gefühl haben, daß man draußen ist, und so müssen Kulisse und alle grünen Töne und Materialien und Beleuchtung sehr gut harmonieren. Es ist schwierig, die Natur zu kopieren.

Das Labyrinth, das eine Schlüsselrolle im Bühnenbild hat, wurde zum Teil gebaut und zum Teil auf eine Kulisse gemalt, um ein paar hundert Fuß Tiefe hinzuzufügen. Während einer Szene, in der Darsteller durch den Irrgarten rennen, werden die Hecken einfach vor der Kamera her bewegt. »So machten wir aus zehn Meter Hecke ein endlos langes Labyrinth«, erinnert sich Sanders.

Der Garten war Teil eines größeren Bühnenbildes, das ebenfalls verschiedene Räume des Hauses darstellte: der vordere Säulengang, Foyer, Wohnzimmer und der Wintergarten.

»Es waren in Wirklichkeit drei oder vier Bühnenbilder kombiniert in einem«, erklärt Sanders. »Sie konnten durch einen Teil in einen anderen filmen oder hinaus in den Garten und auf diese Weise ein echtes Gefühl von Tiefe schaffen.«

Van Helsings P. O. V.
und sieht die zwei kleinen Einstiche. Die Kamera fährt nah
an die Wunden heran. Sie sind frisch. Größer. Schon
mehrmals verheilt und wieder geöffnet worden.

VAN HELSING
O mein Gott.

Nah von unten − Van Helsing
Wir dürfen keine Zeit verlieren. Sie muß sofort eine Transfusion bekommen.

Nah auf Van Helsings Arzttasche
während er seine Instrumente herauszerrt. Die Kamera
fährt zu einer Zweier-Einstellung zurück: Seward und Van
Helsing bereiten die Transfusion vor.

VAN HELSING
Sie wissen doch noch, wie man eine Aderpresse
bindet, Jack? Ziehen Sie den Mantel aus.

SEWARD
Ist das Verfahren denn jetzt erprobt?

VAN HELSING
Erprobt? Nein, bisher habe ich nur damit experimen-
tiert. Nach der Landsteiner-Methode. An Tieren:
Ziegen, Schafen . . .

SEWARD
Und was würde passieren, wenn der Blutspender an
Hämolyse erkrankt ist?

VAN HELSING
Ihre roten Blutkörperchen würden explodieren.

Blick auf die Tür
Holmwood, in Überzieher und mit Hut, stürmt ins Zimmer.

HOLMWOOD
Was in Gottes Namen geht hier vor?

Er packt Van Helsing. Seward reißt ihn zurück. Van
Helsing blickt zu Seward, dann zu Holmwood.

SEWARD
Das ist Professor Van Helsing, Art.

HOLMWOOD
Was zum Teufel hat er mit Lucy vor?

SEWARD
Er versucht, ihr das Leben zu retten!

Halbnah auf Van Helsing

VAN HELSING
Ah, der Verlobte. Sie sind zur rechten Zeit gekommen.
Diese junge Dame ist sehr krank. Sie braucht sofort
Blut, und sie soll es bekommen. Ziehen Sie den Man-
tel aus. Rollen Sie den Ärmel hoch — schnell, schnell!

Er hält zwei scheußliche Nadeln hoch, die mit einem
Schlauch und einer Handpumpe verbunden sind.

SEWARD
Es wird jetzt ein bißchen weh tun, Art.

Vierer-Einstellung/Weit
Seward nötigt Holmwood, sich hinzusetzen, bindet seinen
Arm mit einem Ruck ab und klopft auf die Vene, bis sie
hervortritt. Dann jagt er ihm die große Nadel in den Arm,

während Van Helsing die andere in Lucys Arm sticht. Sie
zuckt kurz vor Schmerz — immer noch bewußtlos.

Großaufnahme
Die Nadel in Holmwoods Arm.

Blick auf Holmwood

HOLMWOOD
Ich bitte um Verzeihung, Sir. Mein Leben gehört ihr.
Ich würde meinen letzten Blutstropfen hergeben, um
sie zu retten.

VAN HELSING
Wirklich? Interessant. Soviel verlange ich gar nicht —
jetzt noch nicht.

Extrem Nah
Das Blut fließt durch den Schlauch; es führt Lucy wieder
Leben zu.

Nahaufnahme
Ein dünner Blutsfaden rinnt von dem Gerät herab und
bildet eine Pfütze auf der Glasplatte darunter.

Schnitt: [Garten von Hillingham — Nacht]

Kameraschwenk mit Lucys Verehrern
als sie aus dem Haus treten. Holmwood hat eine Flasche
Brandy und einen kleinen Becher dabei. Quincey schaut
benommen. Seward spielt nervös mit einer Lanzette
herum.

HOLMWOOD
Jack, das arme Mädchen hat in zwei Tagen das Blut
von zwei Männern in die Adern bekommen.

QUINCEY
Als lebender Mensch . . . könnte ihr Körper gar nicht
so viel Blut fassen!
(er setzt sich auf eine Bank)
Aber, wie hat sie es nur verloren?

VAN HELSING
Eine gute Frage, Mr. Morris.

Unvermittelt taucht Van Helsing aus dem Schatten auf; sie
erschrecken. Seward ersticht sich fast mit der Lanzette.
Van Helsing steckt sich eine Zigarre an. Die Kamera fährt
auf Seward, während Van Helsing näher kommt.

SEWARD
Diese Male an ihrem Hals — das ist keine Krankheit.
Ich bin sicher, daß das Blut an dieser Stelle aus-
getreten ist.

VAN HELSING
Aha? Und dann? Sie waren einmal ein sehr gewissen-
hafter Schüler, Jack. Sagen Sie mir doch, wo mag das
Blut hingeraten sein? !

259

Die beiden jungen Männer begaben sich an die frische Luft, um ihre Gedanken zu ordnen und sich über Lucys geheimnisvolle Krankheit zu unterhalten.

Nahaufnahme Seward
der sich sehr dumm vorkommt.

SEWARD
  Ihre Bettlaken hätten voller Blut sein müssen.

VAN HELSING
  Genau. Sie verschließen Augen und Ohren vor dem,
  was Sie mit Ihrem Weltbild nicht erklären können.

Über Van Helsing hinweg auf Seward und Quincey.
Van Helsing schleicht um Seward und Quincey herum.

SEWARD
(mißmutig)
  Etwas flog also dort hinauf, saugte es aus ihr heraus
  und flog wieder fort?

  Nahaufnahme Van Helsing

VAN HELSING
  Ja. Warum denn nicht?

Halbtotale/Dreier-Einstellung
Seward fällt es sehr schwer, dieser Hypothese Glauben zu
schenken. Holmwood leert seinen Becher, er ist betrunken.

HOLMWOOD
  Jetzt habt ihr's rausgekriegt, was?
(schüttelt angewidert den Kopf)
  Das ist genial. Absolut genial! Könnt ihr gelehrten
  Doktoren — oder was immer ihr seid — mit mal
  erklären, was mit meiner Lucy los ist?

VAN HELSING
(achtet nicht auf ihn)
> Jack, Sie sind Wissenschaftler. Meinen Sie nicht, daß
> es auf der Welt Dinge gibt, die Sie nicht verstehen
> können − und die dennoch existieren?

Er macht eine Geste zum Sternenhimmel.

SEWARD
> Sie wissen, daß ich nicht daran glaube.

Beide sprechen nun gleichzeitig, jeweils in Nahaufnahme.

VAN HELSING
(unerbittlich)
> Mesmerismus? Hypnose? Elektromagnetische Felder?

SEWARD *(gibt sich geschlagen)*
> Sie und Charcot haben ja die Hypnose bewiesen.

Van Helsing wendet sich ab und steht in dramatischer
Pose da, sein Gesicht dem Friedhof und den Gärten in der
Dunkelheit zugewandt. Die Kamera fährt an Seward vorbei
auf Van Helsings Rücken.

VAN HELSING
> Astralkörper... Materialisation?

Auf Seward und Holmwood
Seward dreht sich ärgerlich um, will Van Helsing gegen-
übertreten −

Ihr P. O. V.
doch er ist nicht mehr da. Hat sich in Luft aufgelöst! Die
Kamera fährt zurück und macht einen Schwenk, um die
Männer mit aufs Bild zu bekommen, als Van Helsing
plötzlich hinter einem Baum hervortritt −

VAN HELSING
Sehen Sie?

Auf Seward

SEWARD
Ich komme mir vor wie ein blutiger Anfänger.

Nahaufnahme Van Helsing
Todernst. Er trägt ihnen die Wahrheit vor.

VAN HELSING
Gentlemen! Hier geht es nicht um eine Krankheit. Die
Male am Hals unserer lieben Miss Lucy stammen von
einem abscheulichen Wesen, das irgendwo dort draußen ist. Tot und doch nicht tot. Es belauert uns —
und es hat irgend etwas mit uns vor . . . aber was es
ist, weiß ich noch nicht.

Der Garten scheint den Männern plötzlich ein äußerst
ungastlicher Ort zu sein.

VAN HELSING
Glauben Sie mir! Es ernährt sich von Lucys kostbarem
Blut. Es ist ein Tier . . . ein Ungeheuer.

Wind kommt auf.

Van Helsing verbirgt sich im Garten

Überblendung zu: [Carfax – Nacht]

Nahaufnahme Dracula
der in seiner Kiste ruht. Rote blühende Lippen. Sein Hunger ist gestillt. Blutrinnsale fließen aus seinem Mund.

Einblendung – Außenansicht von Carfax; in Totale und Halbtotale

Überblendung zu: [Hillingham – Tag]

Nahaufnahme von Minas Gesicht
im Spiegel, sie sitzt vor ihrem Frisiertisch. Langsam fährt die Kamera zurück.

MINAS STIMME
  Tagebuch . . . Lucy hat wieder einen Rückfall gehabt.
  Ich hasse es, sie leiden zu sehen . . . Verzeih mir,
  liebster Jonathan, daß ich dies in deiner Abwesenheit
  eingestehen muß: ich sehne mich nach dem Fremden,
  nach dem Feuer seiner Augen.

Während er spricht, verlagert sich die Szene in Lucys
Schlafzimmer. Sie schläft. Mina kümmert sich um sie,
räumt ein Tablett mit Essen weg, das Lucy nicht angerührt
hat. Dracula beobachtet beide von draußen durchs Fenster.
(Musikeinsatz.)

Extrem Nah
Minas Auge

Mina bewacht Lucys Schlaf.

Überblendung zu: Vogelperspektive/total
auf ein Glas mit Absinth

[Rule's Cafe − Separates Eßzimmer − Nacht]

Nahaufnahme − Glas
Eine Wasserflasche kommt ins Bild. Eine Hand gießt das Wasser über einen Zuckerwürfel, der auf einem silbernen Halter liegt, in ein Glas Absinth: es nimmt eine milchig-grüne Färbung an.

Peter Ramseys skizzenhafte Darstellung von Minas Branntweinrausch.

DRACULA *(Off)*
　Absinth ist das Aphrodisiakum der Seele. Die ›Grüne Fee‹, die im Absinth lebt, möchte deine Seele rauben. Aber... du bist bei mir, und dir kann nichts geschehen.

Kameraschwenk zu Nahaufnahme von Minas Hand, die den Zuckerwürfel nimmt und ihn langsam an ihre Lippen führt; sie saugt lustvoll daran.

MINA
　Erzählt mir, Prinz... erzählt mir von Eurer Heimat.

Nahaufnahme Dracula

DRACULA
  Es ist das schönste Land der Erde.

Extrem Nah
Sein blaues Auge, dann Schnitt zu Minas braunem Auge.

Ein Anti-Alkohol-Plakat, Lithographie von Stop.

DER ZAUBER DER GRÜNEN FEE

Zu dem Ort, an dem Draculas erstes richtiges »Rendezvous« stattfindet, sagte Drehbuchautor Jim Hart: »Ich denke an ein Restaurant, mit den Künstlern jener Zeit wie Oscar Wilde... das Gegenstück zu einem Café der sechziger Jahre. Eine Stätte, an die Mina niemals gehen würde, die Dracula jedoch wegen all dieser künstlerischen, Bohemientypen liebt.«

Das Restaurant im Film war Rule's Cafe, und die bohemienhaften Gäste des Fin de siècle würden einen starken, blaß-grünen Likör namens Absinth bevorzugt haben. Zubereitet aus Wermut und verschiedenen Kräutern, schmeckt Absinth ach Anis und ist hochprozentig; in ausreichender Menge konsumiert, verursacht er Halluzinationen und führt zur Sucht. Oscar Wilde schwärmte einst: »Ein Glas Absinth ist die poetischste Sache der Welt.«

Absinth wurde in großen Mengen von Dichtern des Symbolismus wie Verlaine und Rimbaud getrunken, und seine Wirkung wurde schockierend von nachimpressionistischen Malern, einschließlich Manet, Degas und dem frühen Picasso, dargestellt. Absinth wurde in Frankreich als eine solche Seuche betrachtet, daß 1914 fanatische Abstinenzler ein Verbot erwirkten.

»Absinth war eine Art LSD des Viktorianischen Zeitalters«, sagte Francis Coppola seinem Produktionsteam, »und es war als Grüne Fee bekannt. Wie eine sexy Frau, die einem nicht mehr aus dem Kopf geht. Dies ist die Art dekadente Drogenszene der Zeit Oscar Wildes, die Jim Hart ins Drehbuch einzubringen versuchte; es ist der Geist von Rule's Cafe... er ermöglicht unserer ganzen Erzählmethode eine Art Trance von Symbolisten zu sein.

Nahaufnahme Mina
Ihre Augen blicken träumerisch in die Ferne, sie ist
berauscht. Zum ersten Mal trägt sie ihr Haar offen, wie
Elizabeth auf dem Mosaikbild.

MINA
Ja... so muß es sein. Ein Land, jenseits von einem
großen Wald gelegen... von gewaltigen Bergen
umgeben... üppige Weinberge, und Blumen von
solcher Schönheit und Zartheit, wie man sie
nirgendwo anders mehr findet −

In Nahaufnahme bewegt sich Draculas Hand mit dem
reichverzierten Ring an seinem Gesicht vorüber.

Nah auf Minas Profil Dracula tritt dicht neben ihr ins Bild.

DRACULA
Du beschreibst meine Heimat, als ob du... sie selbst
gesehen hättest...

MINA
Vielleicht ist es deine Stimme. Sie ist so... ver-
traut... wie eine Stimme in einem seltsamen
Traum... Sie tröstet mich... wenn ich allein bin.

Ihre Augen treffen einander, verweilen einen Moment zu
lang. Er streichelt ihren Hals − sie läßt ihn gewähren.
Dann steht sie auf, geht aus dem Bild. Die Kamera bleibt
auf Dracula.

MINA
Und wo ist die Prinzessin?

DRACULA
Prinzessin?

An Dracula vorbei auf Mina
Sie schaut hinaus in die Gaststube.

MINA
Es gibt immer eine Prinzessin — sie trägt ein weißes
wehendes Gewand, ihr Antlitz ist wie ein ...
(sie verliert sich in ihrem Wahnbild)
... ein Fluß.

Bildschnitt:
Elizabeth im Fall vor der Schloßmauer.

MINA
Die Prinzessin ist ein Fluß, voll von Tränen der Traurigkeit und des Leidens.

Gegenschuß auf Dracula
ihr zugewandt; seine Reaktion auf ihre Worte.

Mina treibt gedankenverloren durch den Absinthrausch; sie
versucht, die Empfindungen, die sie überwältigen, zu fassen.

Zurück auf Dracula
Er steht auf; die Kamera schwenkt und folgt ihm in eine
Zweier-Einstellung mit Mina *(nah)*; er hält sie in den
Armen.

DRACULA
Es gab eine Prinzessin, Elisabeta.
*(Er spricht »Elisabeta‹ so aus, als sei es Minas eigener
Name)*
Sie war die strahlendste Frau, die je die Herrscherin
eines Königsreiches war. Verrat riß sie von der Seite
ihres Prinzen. Sie sprang — und fand den Tod in dem
Fluß, von dem du gesprochen hast ... In meiner Mut-
tersprache heißt er Arges — ›Flußprinzessin‹.

273

Die ›Flussprinzessin‹

Drehbuchautor Jim Hart stieß auf eine faszinierende Geschichte über den Tod von Draculas erster Frau (die in den historischen Chroniken namenlos ist). Im Jahre 1462 wurden Draculas Kräfte vor den vorrückenden Türken stark bedrängt – es sollte das letzte Jahr seiner zweiten Herrschaft sein, gefolgt von zwölf Jahren Gefangenschaft.

Dracula, seine Familie und ein paar treue Anhänger suchten Zuflucht in seinem Bergschlupfwinkel am Fluß Arges. Schloß Dracula befindet sich an der Quelle des Flusses, wo er reißend aus den Karpaten strömt. Die Stätte war unzugänglich und gut befestigt. Die Türken beschossen sie mit Kanonen, hatten jedoch wenig Erfolg.

Ein letzter Angriff war geplant. Laut den Geschichten, die von Bauern der Region überliefert wurden, war in der Nacht zuvor ein rumänischer Sklave in der türkischen Armee auf einen Felsvorsprung auf der anderen Seite des Flusses und gegenüber des Schlosses geklettert und hatte durch die enge Schlucht einen Pfeil in ein Fenster geschossen. Der Pfeil, mit einer Botschaft, die Dracula riet, zu flüchten solange er das noch konnte, wurde von seiner Frau gefunden. Sie brachte Pfeil und Botschaft zu ihrem Mann und sagte ihm, sie würde sich eher von den Fischen des Arges fressen lassen, statt in die Hände der Türken zu fallen. Bevor jemand sie aufhalten konnte, rannte sie die Treppe des höchsten Turms hinauf und stürzte sich in den reißenden Fluß.

In einer anderen Version der Geschichte — die in dem Film benutzt wird — ist Dracula fort in einer Schlacht, und die Botschaft informiert seine Frau fälschlicherweise, daß er gefallen ist, was zu ihrem Selbstmord führt.

Der Fluß fließt dort immer noch mit einem roten Schimmer — nicht, wie einheimische Volkskunde behauptet, vom Blut der Prinzessin, sondern weil rote Ziegelsteine von dem zerstörten Schloß hinabgefallen sind. Aber für viele Jahre war diese Stelle als Riul Doamei bekannt, als »der Fluß der Prinzessin«.

Schloß Bran in Transsilvanien wird oft irrtümlich für Draculas Schloß gehalten.

Nahaufnahme
Minas tränenüberströmtes Gesicht. Zärtlich fängt er eine
Träne auf dem Zeigefinger auf und schließt schnell die
Hand. Als er sie wieder öffnet, erscheinen mehrere fun-
kelnde Diamanten. Mina lächelt unter Tränen. Er küßt sie
zärtlich, leidenschaftlich.

Überblendung zu: [Rule's Cafe/Schloß Dracula — Nacht]

Kamerafahrt im Kreis
um Dracula und Mina herum, die einen Walzer tanzen.
Hunderte von Kerzen flackern im dunklen Hintergrund.
Mit jeder Drehung wird Dracula weicher und nachgiebiger
in Minas Armen; und sie in den seinen. Sie erweckt seine
tote Seele wieder zum Leben.

Während sie tanzen, werden die Lichter an der Wand
langsam heller, und man sieht Harker, der die Schloß-
treppe herunterstürzt; er trägt zwei Pfähle aus der Krypta
in der Hand, die er in Form eines riesigen Kreuzes zu-
sammengebunden hat. Die Bräute verfolgen ihn. Am Fuß
der Treppe dreht er sich um und senkt das Kruzifix wie
eine Lanze, stößt damit in ihre Richtung und hält sie wie
ein Rudel Wölfe in Schach. Sie ziehen sich zurück.

HARKERS STIMME
Ich werde nicht mit diesen schrecklichen Frauen allein
bleiben; ich werde an der Schloßmauer herunterklet-
tern — und mich weiter vorwagen als bisher.

[Schloßmauer und Abgrund — Später]

Blick auf das Fenster
(Musikeinsatz.) Tief unten tost der Arges. Harker
(bekleidet) kommt ins Bild und klettert die Mauer hinunter;
er rutscht immer wieder ab, klammert sich an und reißt
sich die Hände auf.

HARKERS STIMME
Vielleicht finde ich einen Weg, um diesem furchtbaren
Ort zu entkommen. Und dann fort! Heim! Zum nächsten Zug! Fort von diesem verfluchten Ort, aus diesem
verfluchten Land, wo der Teufel und seine Kinder
noch in Menschengestalt wandeln! Lieber der Gnade
Gottes ausgeliefert sein als der jener Ungeheuer —
dieser Abgrund ist steif und tief. Aber an seinem Fuße
kann ein Mann schlafen — als Mensch. Lebt wohl, alle
meine Freunde! Leb wohl, Mina!

Seine blutigen Finger verlieren den Halt. Er rutscht die
Steilwand herunter —

Überblendung zu: [Wälder in den Karpaten — Nacht]

Nah auf Harker
Er kriecht. (Musikeinsatz: der Wind heult.)

Weiter
von Harkers Rücken aus. Er kriecht durch den tiefen
Schlamm einen Hügel hoch, sinkt immer tiefer ein, droht
zu ertrinken, ist dem Tode nah. Die Kamera schwenkt
nach oben, Blick über die Hügelkuppe. Durch den Regen
hindurch sieht Harker ein Kreuz! Ein Lichtschein — es ist
ein Fenster! Eine Tür! Er stolpert auf das Kloster zu,
hämmert an die Pforte und wird eingelassen.

Der verzweifelte Harker trifft im Kloster ein.

Brief von Schwester Agatha,
St. Joseph und St. Maria-Hospital, Budapest,
an Miss Wilhelmina Murray.

12. August

Liebe Frau . . .

Ich schreibe auf Wunsch von Mr. Jonathan Harker, der
nicht kräftig genug zum Schreiben ist, der jedoch gesund-
heitlich gute Fortschritte macht, dank Gott und den Heiligen Joseph und Maria. Er ist seit fast sechs Wochen in unserer Obhut und leidet an Hirnhautentzündung . . .

> Mit freundlichem Gruß, meinem Mitgefühl und
> den besten Wünschen
> Ihre Schwester Agatha.

P. S. — Mein Patient schläft, und ich nutze das, um Sie noch
etwas mehr wissen zu lassen. Er hat mir alles über Sie
erzählt und daß Sie in Kürze seine Frau werden. Ich wün-
sche Ihnen beiden alles Gute! Er hat einen schrecklichen
Schock — so sagt unser Arzt —, und in seinem Delirium
war sein Phantasieren fürchterlich. Er phantasierte von
Wölfen und Gift und Blut; von Geistern und Dämonen.
Achten Sie immer darauf, daß ihn lange Zeit nichts in dieser
Art aufregt . . . Er kam mit dem Zug von Klausenberg, und
der Schaffner erfuhr vom Bahnhofsvorsteher, daß er in den
Bahnhof eilte und laut eine Rückfahrkarte verlangte. Da
man an seinem Auftreten erkannte, daß er Engländer ist,
gab man ihm eine Fahrkarte für den entferntesten Bahnhof
auf der Strecke dorthin, die der Zug erreicht . . .

Abblende. Aufblende: [Hillingham — Tag]

Steadicamaufnahme
Mina ist im Gartenlabyrinth, atemlos liest sie einen Brief.

MINA
Jonathan lebt. Er lebt.

Die Kamera fährt rückwärts vor ihr her, als sie anfängt, durch den Garten zu laufen, außer sich vor Freude. Doch dann verwandelt sich ihre Freude in Kummer. Sie bleibt in der Gartenlaube stehen *(Nahaufnahme)*.

MINA
Mein süßer Prinz... Jonathan darf nie etwas davon erfahren.

Sie geht rechts aus dem Bild.

Am Fuß der Treppe
Die Kamera folgt Minas Rücken, während sie die Stufen hinaufrennt; sie versucht, sich zusammenzureißen und Dracula für immer aus ihrem Leben zu verbannen.

MINA
Lucy! Lucy — Oh.

Die Kamera fährt die Stufen hoch und man sieht Van Helsing und Seward mit Mina; die Fahrtaufnahme endet mit einer Einstellung über Minas Schulter hinweg auf die beiden Männer.

VAN HELSING
Abraham Van Helsing.

MINA
(hat schon von ihm gehört)
Dr. Van Helsing.

VAN HELSING
Ach, Sie sind Madam Mina, Lucys beste Freundin.

MINA
Wie geht es ihr, Doktor?

VAN HELSING
Sie ist immer noch sehr schwach. Sie erzählt mir von
Ihrem geliebten Jonathan Harker und daß Sie in
größter Sorge um ihn sind. Ich mache mir auch
Sorgen — um alle jungen Menschen, die lieben.

Über Van Helsing hinweg auf Mina
Plötzlich fängt er an, mit ihr einen Walzer zu tanzen und
singt dazu.

Einzeleinstellung mit Seward
Seine Reaktion auf Van Helsings Benehmen.

Zurück auf: über Van Helsing hinweg auf Mina
Er hält inne und schaut ihr direkt in die Augen.

VAN HELSING
Es gibt Düsteres im Leben, und es gibt helle Lichter.
Sie, liebe Mina, sind ein Licht. Das hellste Licht.
Gehen Sie nun — besuchen Sie Ihre Freundin.

Mina geht aus dem Bild und betritt Lucys Zimmer durch
die Terrassentür. Die Kamera bleibt auf Van Helsing, der
ihr nachblickt.

[Lucys Schlafzimmer — Tag]

Halbtotale — Lucy
Sie schläft. Man ahnt, daß sie nicht mehr lange zu leben hat. Eine Vase mit weißen Blumen steht auf dem Tisch neben ihrem Bett. Mina kommt auch ins Bild *(Zweier-Einstellung)*, sie ist sehr aufgeregt, obwohl Lucys schlimmer Zustand ihr nicht entgeht. Sie nimmt Lucys Hand — Lucy wacht auf. Die Kamera fährt auf Lucy.

ERINNERUNGEN AN ›CAMP COPPOLA‹

Kurz nachdem das Casting zum *Dracula*-Film beendet war, begannen die Hauptdarsteller mit den Proben. Zuerst versammelten sie sich für eine Woche auf dem Ranch/Weingut in Kaliforniens Napa Valley. Francis Coppolas Erfahrung als Berater an einer Schauspielschule, hatte den Filmemacher schon früh gelehrt, wie man einer sehr heterogenen Gruppe junger Schauspieler eine gemeinsame Arbeitsplattform geben kann.

»Als erstes will man nur eine Chance haben, mit den anderen Schauspielern zusammenzusein, ohne daß andre ihre Nase hineinstecken. Man will, daß sie einander auf kreativste Weise kennenlernen.« In »Camp Coppola« gab es Fahrten mit Freiluftballons und Ausritte für Elwes, Campbell, Grant und Reeves; Abendessen in großem Stil an einem langen Tisch auf der Veranda; Theateraufführungen und Improvisationen. Die Schauspieler lasen den ganzen Roman laut, spielten Szenen nach dem Drehbuch und machten Notizen zu ihren Rollen.

»Francis schließt einen in die Arme, als zähle man zu seiner Familie«, sagt Gary Oldman. »Er schweißte uns alle zu einem Ensemble zusammen. Man hat

sonst selten Proben beim Filmen, und es ist ein Luxus.« Richard E. Grant fügt hinzu: »Als wir mit dem Drehen begannen, wußte ich genau, welche Gestalt ich spielte und wie ich in Beziehung zu allen sonst stand.« Koproduzentin Susie Landau sagt: »Eine Absicht der Proben im Napa Valley war, jeden aus seinem üblichen Zusammenhang zu reißen... ein Schritt, um Barrieren abzubauen. Wie bei einem Theaterensemble entwickelte sich Vertrauen und ein wahres Gefühl der Zusammengehörigkeit.«

Die Schauspieler-Crew versammelte sich ebenfalls zu einer Lesung des Drehbuchs durch Rundfunksprecher auf der Bühne eines Kabaretts nahe der American Zoetrope Zentrale in San Francisco. Vor Drehbeginn trafen sie sich wieder für zwei Wochen Proben in Hollywoods United Methodist Church, einer berühmten Übungsstätte. »Wir übten wie für eine Broadway-Show in Boston«, sagt Susie Landau. Diese Proben mit Beleuchtung und Ton wurden auf Videoband aufgezeichnet, und die Filmmeter wurden in Coppolas elektronische Bibliothek aufgenommen. Coppola bemerkt: »Die meisten Schauspieler haben einfach wenig Erfahrung, sie müssen einige Hindernisse überwinden und andererseits ihre Rolle natürlich spielen. Ich versuche, ihnen diese Erfahrung so früh wie möglich zu geben.«

LUCY

Mina? Du siehst besser aus. Du strahlst ja richtig. Hast
du etwa eine Nachricht von Jonathan erhalten?

Nah — über Lucy hinweg auf Mina
Lucy umarmt Mina — ihre Arme versagen ihren Dienst.
Van Helsing und Seward betreten das Zimmer durch die
Terrassentür im Hintergrund. Van Helsing geht zu einem
Stuhl; Seward bleibt in der Tür stehen.

MINA

Ja, Lucy, er ist in Sicherheit. Er ist in einem Kloster in
Rumänien; er leidet an einem schweren Nervenfieber.
Die guten Nonnen, die ihn pflegen, haben mir einen
Brief geschickt — sie schreiben darin, daß er mich
braucht... Aber ich muß bei dir bleiben —

Von oben
über Mina hinweg auf Lucy. Lucy schaut Mina gerade in
die Augen, sie atmet in hastigen verzweifelten Stößen. Die
Kamera fährt langsam auf Lucy *(Nahaufnahme).*

LUCY

Mina — geh zu ihm, liebe ihn und heirate ihn gleich
dort. Du darfst keinen Augenblick deines Lebens ver-
schwenden, den du mit ihm verbringen kannst...

Einzeleinstellung mit Van Helsing
auf einem Stuhl, er beobachtet sie.

Zweier-Einstellung — die Mädchen
Die Kamera fährt heran, wobei Lucy hervorgestellt wird.

LUCY

Meine Schwester, ich will, daß du dies nimmst... es
soll mein Hochzeitsgeschenk sein... nimm ihn...

Sie zieht diskret ihren Verlobungsring von dem knochigen Finger ab und läßt ihn in Minas Hand gleiten.

Großaufnahme — der Ring
Lucys Hände überreichen ihn Mina.

Nahaufnahme Mina
Sie ist sprachlos. Schüttelt mehrmals verneinend den Kopf.

LUCY
  Es bringt Unglück, wenn du ihn nicht annimmst. Mach dir keine Sorgen über die kleine verwöhnte Lucy. Ich komme schon zurecht.

Halbtotale

LUCY
(umklammert Minas Hände)
  Sag Jonathan ... einen Ozean voll Liebe ...

MINA
(fährt fort)
  ... zehntausend Küsse.

Mina küßt sie und ordnet die Blumen in der Vase neben Lucys Bett. Lucy stößt plötzlich einen Schrei aus.

LUCY
  Kann ich deshalb nicht atmen?

Sie zerschlägt die Vase. Während Van Helsing und Seward ins Bild kommen, auf Lucy zueilen, fährt die Kamera schnell über die Rücken der Männer hinweg in eine Nahaufnahme von Lucy. Sie versuchen, sie zu beruhigen.

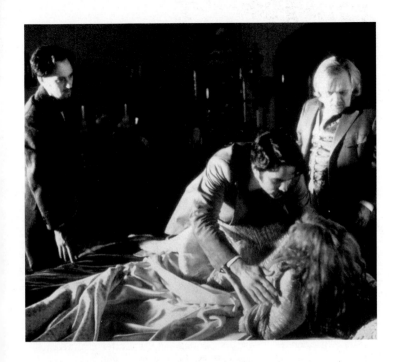

VAN HELSING
    Es ist eine Medizin — damit Sie gut schlafen — und keine Alpträume haben —

Lucy reißt sich den Blütenkranz vom Hals.

LUCY
    Knoblauch! Diese Blumen sind gewöhnlicher Knoblauch!

Sie kämpft, krümmt sich zusammen, bricht in Tränen aus. Quincey betritt den Raum — Seward versucht, Lucy abzulenken.

Dr. Sewards Tagebuch

11. September. − Heute nachmittag war ich in Hillingham. Traf Van Helsing in ausgezeichneter Stimmung an, und Lucy ging es viel besser. Kurz nach meiner Ankunft traf ein großes Paket aus dem Ausland für den Professor ein . . . und ein großer Strauß weißer Blumen.

»Die sind für Sie, Miss Lucy«, sagte er . . . »Es ist so viel Heilkraft in diesen so gewöhnlichen Blumen. Ich stelle sie persönlich in Ihr Zimmer und mache selbst den Kranz, den Sie tragen werden . . . Sitzen Sie jetzt eine Weile still. Komm mit mir, Freund John, du wirst mir helfen, das Zimmer mit Knoblauch zu schmücken, der den weiten Weg von Haarlem hinter sich hat, wo mein Freund Vanderpool das ganze Jahr über Kräuter in seinem Gewächshaus züchtet. Ich mußte gestern telegrafieren, denn sonst wäre sie nicht hier.«

Wir nahmen die Blumen mit und gingen in das Zimmer. Die Aktionen des Professors waren gewiß sonderbar und in keinem amtlichen Arzneibuch zu finden, von dem ich jemals hörte. Zuerst schloß er die Fenster und verriegelte sie sicher. Dann nahm er eine Handvoll der Blumen und rieb sie über die Fenster; wie um sicherzustellen, daß jeder Hauch Luft, der vielleicht hereindrang, vom Geruch des Knoblauchs erfüllt sein würde. Dann strich er mit dem Knoblauch über den gesamten Türrahmen und auf die gleiche Weise über den Kamin. Es kam mir alles grotesk vor . . .

Seward
Lucy — schau, Quincey ist da! Er kommt dich besuchen!
(zu Mina)
Brandy — holen Sie Brandy.

Mina geht hinaus.

Von unten (Lucys P. O. V.) auf Quincey
Quincey ist über Lucys Aussehen zutiefst erschrocken, setzt aber sein breites Grinsen auf.

Quincey
Miss Lucy, Sie bleiben jetzt mal hübsch ruhig. Art hat mich geschickt, damit ich mich um Sie kümmere. Er sagte, wenn es Ihnen nicht bald besser geht, muß ich Sie wohl wie ein lahmes Pferd von Ihren Schmerzen erlösen.

Über Quincey hinweg auf Lucy
Als Lucy Quincey sieht, scheint ihr früheres freches Selbst wieder aufzuleben; ihr Lachen klingt wie das der Vampirbräute. Ihr Benehmen wird immer herausfordernder. Van Helsing beobachtet sie ganz genau.

Lucy
O Quincey, du brutaler Kerl. Willst du mir nicht einen Kuß geben — küß mich noch einmal —

Ihre Stimme klingt lüstern, heiser vor Verlangen. Quincey beugt sich zu ihr herunter — erwartungsvoll — da springt Van Helsing wütend auf, packt Quincey und zieht ihn mit einem heftigen Ruck von ihr weg —

Van Helsing
Um euer Leben willen nicht!

Von unten auf Van Helsing und Seward
Lucy wird ohnmächtig. Van Helsing bedeutet Quincey, den Raum zu verlassen und wendet sich Lucy zu. Er prüft die Atmung, den Herzschlag, untersucht das zurückgebildete Zahnfleisch.

VAN HELSING
    Schauen Sie! *Ja... Nosferatu... Ja.*

Bildschnitt:
Dracula auf einem Holzschnitt aus dem 15. Jahrhundert: er sitzt an einem festlich gedeckten Tisch, Tränen in den Augen und schaut einer Massenpfählung zu. Die Kamera fährt nah auf das Bild.

Holzschnitt aus einem Pamphlet über Dracula, das 1499 in Nürnberg veröffentlicht wurde.

Überblendung zu: [Gaststube in Rule's Café — Nacht]

Totale
Dracula sitzt allein an einem Tisch, der für ein elegantes Diner á deux gedeckt ist. Der Maître d'Hotel überreicht ihm einen Brief. Er öffnet ihn und liest.

Minas Stimme
　Mein geliebter Prinz — verzeih mir.

Die Kamera fährt in eine Nahaufnahme von Dracula. Tränen in seinen Augen; jedes Wort tut ihm unsagbar weh.

Minas Stimme *(Fortsetzung)*
　Ich habe eine Nachricht von meinem Verlobten aus
　Rumänien erhalten...

Großaufnahme — der Brief
Tränen fallen darauf, verwischen die Schrift. Es sind Draculas Tränen! Die Kamera bewegt sich über das Blatt.

Großaufnahme — eine Träne zerplatzt darauf
Purpurfarbene Tinte. Sie wandelt sich in der Überblendung zu:

[*Ozean — Nacht*]

Purpurfarbene See — Kielwasser eines Schiffs
Das Schiff entfernt sich. Man sieht die Seite eines Tage-
buchs auf dem Wasser aufschlagen, dann wird sie weg-
geweht. Die Kamera schwenkt nach oben: man sieht das
Blatt davonfliegen und im Meer versinken.

Halbtotale — Mina
auf dem Schiff. Die Kamera fährt ein wenig näher, und
man sieht, wie sie sorgfältig eine Seite nach der anderen
aus dem Buch reißt und über Bord wirft. Traurig beobachtet sie, wie ihre Erinnerungen davontreiben.

Minas Stimme
(Fortsetzung)
 . . . Ich bin auf dem Weg zu ihm. Wir werden
 heiraten. Ich werde dich nie mehr wiedersehen.
 Mina . . .

Ihre Hände zerren an seinem weißen ziegenledernen
Handschuh; dann drückt sie ihn an ihre Wange. Endlich
kommen die Tränen. Ihre Kräfte verlassen sie und sie
schluchzt; sie nimmt Abschied von Dracula . . . für
immer . . .

Großaufnahme
Der weiße Handschuh wird von den Wellen davon
getragen.

[Rule's Café/Schloßhof – Nacht]

Fortsetzung: Nahaufnahme Dracula (sein Rücken)
Die Kamera fährt langsam um ihn herum. Er hält den Kopf in den Händen vergraben, kämpft gegen den Schmerz, verbirgt seine Tränen. Seine Handschuhe sind blutbefleckt! Er nimmt sie herunter – und das Gesicht des uralten Dracula kommt zum Vorschein. Seine tierische, wölfische Seite wird in seinen Gesichtszügen angedeutet – er ist wieder ein Dämon! Er springt auf.

Aufsicht
auf Dracula. In seiner ganzen schrecklichen Pracht steht er in der Mitte des düsteren Hofs und beschwört die Mächte der Finsternis. Um ihn herum Hunderte von Kerzen.

Dracula
(metallisch, aus der Tiefe des Grabes)
   Wind! Wind... Sss!!

Dann schwenkt die Kamera nach oben, und die Kerzen werden ausgeblasen.

Überblendung zu: [Hillingham — Nacht]

Untersicht/total
(Musikeinsatz.) Van Helsings Kutsche kommt angefahren.
Es ist extrem windig. Van Helsing in der Kutsche ruft
etwas.

Van Helsing
Kameraschwenk mit ihm von der Kutsche zu Seward und
Quincey. Der Wind zerrt an ihren Mänteln. Van Helsing ist
so aufgeregt, daß er fast hysterisch wirkt.

Van Helsing befiehlt Quincey bei Lucy Wache zu halten.

VAN HELSING
Jack, nun kommen Sie schon. Ich habe Ihnen viel zu
erzählen. Passen Sie gut auf Lucy auf, Mr. Morris, Sie
müssen sehr wachsam sein. Wir haben es hier mit
einer Macht zu tun, deren Existenz die menschliche
Erfahrung übersteigt...
(er lacht)
So wachen Sie gut! Sonst wird Ihre kostbare Lucy
eine Hure des Teufels.

Halbnah auf Quincey
Er ist angewidert und würde Van Helsing am liebsten ins
Gesicht schlagen.

QUINCEY
Sie widerlicher alter Geier —

Zweier-Einstellung — Van Helsing und Quincey

VAN HELSING
Hören Sie gut zu, junger Mann. Es ist kein Zufall, daß
Lucy angefallen wurde, verstehen Sie? Sie ist ein
williger Rekrut, ich darf wohl sagen, eine treuergebene
Anhängerin. Sie ist die Konkubine des Teufels.

Quincey schaut Seward an, als erwarte er, daß er ihm
diesen Unsinn erkläre.

VAN HELSING
Vielleicht können wir ihre kostbare Seele noch
retten...
(er lacht wie wahnsinnig)
Aber nicht auf leeren Magen. Jack! Ich komme um
vor Hunger!

Kameraschwenk mit Seward und Van Helsing zur Kutsche.
Sie jagt davon, Quincey bleibt zurück.

Nah auf Quinceys Gewehr
Er prüft, ob es geladen ist. Die Kamera schwenkt nach
oben auf sein Gesicht, er blickt prüfend zum Himmel.

Einblendung:
Nahaufnahme eines Revolverkastens; eine Hand nimmt
eine der Waffen heraus, lädt sie.

[Carfax — Nacht]

Draculas P. O. V. — ›Pixillation‹
beginnt in den Gärten von Carfax, rast durch das
Labyrinth, hält auf Tiere zu usw.

[Lucys Schlafzimmer — Nacht]

Von oben
Holmwood hält Wache bei Lucy, die dem Tode nahe
scheint. Die Kamera fährt herunter. Holmwood stürzt einen
Whiskey hinunter, dann noch einen. Er richtet seine
Pistole auf imaginäre Ziele im Raum.

[Gelände von Hillingham]

Von oben
auf Quincey, der auf der Terrasse vor Lucys Zimmer auf
und ab geht und den unheilverkündenden Himmel
beobachtet. Er hört ein Heulen! Der Wind? Hunde? Es
kommt näher! Ein Wolf? Er blickt zum Himmel.

Quinceys P. O. V. — der Himmel
Die Wolken bilden seltsame Formen; sie jagen ihm Angst
ein.

Halbnah auf Quincey
Er spannt den Hahn.

[Gelände von Hillingham — Nacht]

›*Pixillation*‹ *P. O. V.*
kommt Hillingham immer näher. Tötet einen Wächter.

[Lucys Schlafzimmer]

Sie schlägt mit einem Ruck die Augen auf.

[Klosterkapelle — Nacht]

Weitwinkelaufnahme — ein großes goldenes Kruzifix
vor dem Fenster der Kapelle. Lichtstrahlen fallen durch
das Kreuz, während es sich auf den Altar zubewegt; ein
Priester trägt es vor sich her. Ein Nonnenchor singt Gottes
Lobpreisung. Mina und Harker bei ihrer Hochzeit.

[Lucys Schlafzimmer]

Leichte Obersicht
Holmwood, auf dem Stuhl neben Lucys Bett, nickt ein.

Großaufnahme
Seine Hand fällt schlaff herunter, er läßt das leere Glas
fallen. Der Wind peitscht gegen das Fenster.

Holmwood hält Wache am Bett seiner Verlobten

[Gelände von Hillingham]

›Pixillation‹ P. O. V. − nähert sich Quincey
Der Blick springt auf sein Gewehr, dann auf das blitzende
Messer. Quincey spürt die Anwesenheit Draculas, dreht
sich um − der Blick eilt auf ihn zu. Quincey zielt auf die
Kamera und schießt!

[Lucys Schlafzimmer]

Sie spürt, daß Dracula sich nähert, entblößt ihre spitzen
Zähnen und reißt den Knoblauch ab, der an ihrem Hals
hängt.

Aus Francis Coppolas Aufzeichnungen:

»Die Rolle der Lucy erfordert eine extravagante Erotik,
Schauspielkunst und Schönheit gehen hier eine Verbindung
ein. Sie muß jung sein, keinesfalls älter als zweiundzwanzig,
denn sie muß einen Gegenpart zu der gleichaltrigen Mina
bilden. Die Schauspielerin, mit der wir die Rolle besetzen,
muß den Anforderungen wirklich gerecht werden können. Es
geht nicht um Nacktheit; es geht um eine bestimmte Einstellung, um die Intensität, die sie braucht, um ›etwas ganz
Ausgefallenes zu tun‹. Sie muß wirklich Mut haben.«

Lucy erhebt sich und zeigt ihre im Entstehen begriffenen Fänge.

[Klosterkapelle — Nacht]
Harker und Mina stehen vor dem Altar. Der Priester segnet das Paar und legt jedem ein Blumengebinde in die Hand.

[Gelände von Hillingham]

Der Blick kommt Quincey immer näher. Man sieht die furchterregende Wolfsgestalt von Dracula die Stufen heraufspringen und Quincey zu Boden stoßen.

Quinceys P. O. V. – eine schattenhafte Gestalt
mit roten Augen richtet sich auf den Hinterbeinen auf und stürmt über ihn hinweg!

Dracula – ›Pixillation‹ P. O. V.
stürmt die Stufen hoch, nähert sich Lucys Fenster. Man sieht Ratten, Ungeziefer und Vögel herabfallen.

[Lucys Schlafzimmer]

Master/Zweier-Einstellung
Lucys Kopf liegt über der Bettkante; man sieht nur ihren Körper. Schräg über ihr das Fenster, darin Dracula, der zu ihr herüberschaut. Nicht mehr die junge, Sehnsüchte weckende Gestalt, sondern der furchterregende uralte Mann.

Nahaufnahme Lucy
Die Kamera fährt langsam nach oben, während sie sich für Dracula bereitmacht; man sieht, daß sie ihn mit Ungeduld erwartet hat.

Blick auf Holmwood
Er wacht benommen auf. Er blickt zu Lucy hin; vollkommen verwirrt.

Lucys P. O. V. – Balkontür
Halbnah auf den furchterregenden Dracula, der sie anstarrt.

Er macht eine Bewegung — und der erschrockene Holmwood saust krachend gegen die Wand und verliert das Bewußtsein.

DRACULA
(zu Lucy)
   Deine schwachen Männer mit ihren törichten Zaubermitteln können dich nicht vor mir schützen —

Draculas Attacke auf Lucys Körper.

Fortsetzung: die Heirat in der Kapelle

Nahaufnahme Harker
Er trinkt aus einem heiligen Kelch.

Fortsetzung: Dracula und Lucy

Dracula
   Ich verdamme dich dazu, eine Untote zu sein — ewig
   soll es dich nach dem Blute der Lebenden dürsten —

[Lucys Schlafzimmer]

Dracula hebt die Arme und ruft einen Sturm hervor. Der
Wolf springt geradewegs durch ihn hindurch (Trick:
optischer Effekt oder Spiegeleffekt), als sei er ein Geist —

Nah auf Lucy
Ihre Hand gleitet zu dem Knoblauchkranz an ihrem Hals
— und reißt ihn vollends herunter: Hals und Nacken
kommen zum Vorschein — sie zieht den Kopf des Wolfes
an sich.

Fortsetzung: die Heirat in der Kapelle

Mina und Harker
Harker hebt Minas Schleier hoch, und sie küssen sich.
Eine Hoffnung spiegelt sich in ihren Gesichtern. Schneller
Schnitt zwischen diesem Kuß — der immer erotischer wird
— und Dracula in Wolfsgestalt, der Lucy anfällt.

Abblende. Aufblende: [Hillingham — Salon — Tag]

Nahaufnahme, dann Fahrt in Vogelperspektive
auf Lucy herab, die hübscher denn je aussieht. Die
Kamera fährt zurück, und man sieht, daß sie — in weißes
Satin gehüllt — in einem gläsernen Sarg liegt. Holmwood
und Quincey stehen weinend am Kopfende, Seward am

Fußende. Er dreht sich um, und die Kamera schwenkt mit ihm zu Van Helsing *(Zweier-Einstellung).*

Über Seward hinweg auf Van Helsing

VAN HELSING
Sie haben sie geliebt und darum müssen Sie mir jetzt vertrauen und glauben —

SEWARD
(verwirrt, überreizt)
Glauben? Wie kann ich glauben...?

Auf Holmwood und Quincey
verärgert über die Unruhe.

HOLMWOOD
Schhhh!

Zurück auf Van Helsing

VAN HELSING *(mit gesenkter Stimme)*
Ich möchte, daß Sie mir noch vor Anbruch der Nacht einen Satz Seziermesser bringen.

SEWARD
Eine Autopsie? An Lucy?

VAN HELSING
(sachlich)
Nicht ganz. Ich will ihr den Kopf abschneiden und das Herz herausnehmen.

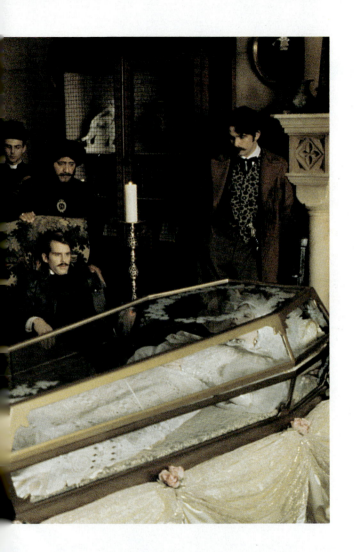

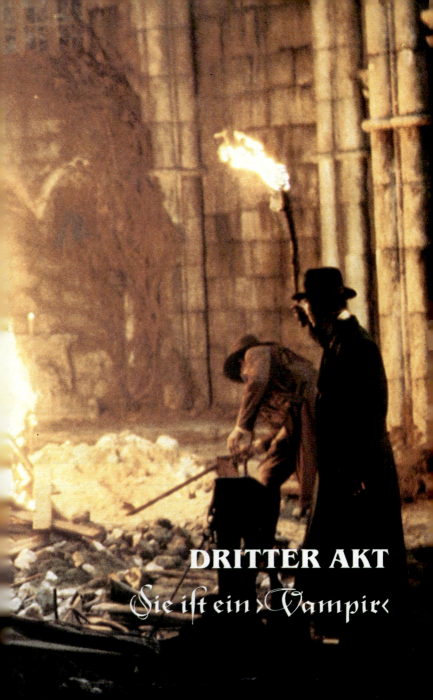

London, September 1897

[Straße in London – Nacht – Nebel]

Totale
Die Kamera schwenkt nach unten auf Mina und Harker, die aus dem Eingang der Victoria-Station kommen. Leute kommen und gehen, Träger verladen Gepäck auf Einspännerkutschen. Mina trägt ein Trauerkleid.

Minas Stimme
    Tagebuch, 17. September. Sind gerade vom Festland gekommen. Dies ist eine wahrhaft traurige Rückkehr:

Skizzen für die Szene: Mina und Harker kehren heim und erkennen Graf Dracula in dem Bahnhofsgewühl.

Lucy ist für alle Zeit von uns gegangen. Jonathan ist nur noch ein Schatten seiner selbst und leidet immer noch unter seiner Krankheit. Er hat mir sein Tagebuch zu lesen gegeben, denn er sagt, es solle keine Geheimnisse zwischen Mann und Frau geben. Ich habe daher den schrecklichen Bericht seines Martyriums gelesen. Ach Jonathan, werde ich dir jemals von *meinem* Geheimnis erzählen können...

[Kutsche — Nacht]

Zweier-Einstellung/Halbnah
Mina und Harker steigen in eine Kutsche.

[Straße in London — Nacht]

Dracula — ›Pixillation‹ P. O. V.
rast durch die Menschenmenge, wobei sich eine immer
größere Spannung aufbaut: endet in einer Zweier-
Einstellung *(nah)* auf Mina und Harker durch das
Kutschfenster.

DRACULA *(Off)*
(flüsternd — er klingt wie ein wütendes Tier)
    Sie gehört mir —

Harker, der Draculas Gegenwart spürt, dreht sich um und
schaut zum Fenster heraus.

Harkers P. O. V. — Dracula
(Musikeinsatz.) Er steht mitten im hellen Licht der Straßenlaternen und blickt Harker an! Er ist jünger als Harker ihn
in Erinnerung hat.

[Kutschfenster]

Harker steht am Fenster; seine Beine geben nach. Mina
fängt ihn in ihren Armen auf und zieht ihn auf den Sitz.
In seinem Gesicht mischt sich Schrecken mit Erstaunen.

MINA
    Jonathan? Was ist passiert?

HARKER
    Das ist der Mann! Aber er ist jünger geworden!

[Friedhof von Hillingham — Nacht]

Kamerafahrt durch das Labyrinth (Untersicht)
Die Füße der Männer nähern sich der Krypta. Nebel-
schwaden.

Halbnah
Das Licht der Laternen fällt durch das Eisentor, das den
Zugang zur Familiengruft versperrt. Holmwood schließt
widerstrebend das Tor auf. Van Helsing geht voran.

[Krypta — Nacht]

Aufsicht/Total
Die Männer treten ein. Es ist sehr kalt. Der Sarg steht auf
einem steinernen Altar. Seward und Quincey untersuchen
den Sarg im Licht der Laternen.

HOLMWOOD
 Müssen wir denn Lucys Grab entweihen? Ihr Tod war
 schrecklich genug —

Halbnah auf Van Helsing

VAN HELSING
(der Lehrer spricht zu seinen Schülern)
 Wenn Miss Lucy tot ist, kann ihr kein Leid geschehen.
 Wenn sie aber nicht tot ist —

HOLMWOOD
 Mein Gott, wollen Sie etwa damit sagen — daß sie
 lebendig begraben wurde?

VAN HELSING
 Ich will damit nur sagen, daß sie ›un-tot‹ ist.

Die Vampirjäger pilgern zu Lucys letzter Ruhestätte.

Zweier-Einstellung — Seward und Quincey
die die Schrauben am Sargdeckel lösen.

Halbnah auf Holmwood
Er ist in einem fürchterlichen Zustand.

Holmwood
   Das ist Wahnsinn.

Vogelperspektive/total
auf den Sarg. Van Helsing bricht die Bleiummantelung auf
und biegt sie zurück. Während Quincey und Seward den
Deckel herunterheben, zieht sich die Kamera langsam
zurück, so daß man schließlich *(in Totale)* erkennt, daß
der offene Sarg leer ist.

An Van Helsing vorbei auf Holmwood

Holmwood
   Wo ist sie?

Er zieht eine Pistole und richtet sie auf Van Helsing.

Holmwood
(schreit)
   Wo ist sie! Was haben Sie mit ihr gemacht?

Über die Pistole hinweg auf Van Helsing

Van Helsing
(ruhig)
   Sie lebt nun jenseits der Gnade Gottes. Ein Wanderer
   in der Finsternis. Sie ist ein ›Vampyr‹; ›Nosferatu‹.
   Diese Geschöpfe sterben nicht wie die Beine nach
   dem ersten Stich — sondern werden immer stärker
   und mächtiger — und sie können Unsterblichkeit

erlangen, wenn sie mit einem anderen ›Nosferatu‹ in Berührung kommen.
(er schiebt die Pistole zur Seite)
Daher, meine Freunde, kämpfen wir nicht nur gegen eines, sondern gegen eine Unzahl dieser Untiere, die durch die Jahrhunderte wandeln und vom Blute der Lebenden trinken.

Van Helsing: »Ich schwöre Ihnen bei allem, was mir heilig ist, daß ich sie nicht angerührt habe.«

Das leise Singen einer Frau dringt in die Gruft. Holmwood erkennt die Stimme. Er weicht zurück – Van Helsing gibt ihm ein Zeichen. Seward löscht die Laterne.

Totale
Die Männer verstecken sich an einer Seitenwand.

Eiko Ishioka über Lucys Totengewand:

»Lucys Kleider mußten auf ihre exzentrische Persönlichkeit
hindeuten. Ich versuchte es mit Kleidern der Viktorianischen
Epoche, aber das Ergebnis war nicht gerade befriedigend.
Jedes Kostüm sollte sexy, einzigartig und von aristokratischer
Eleganz sein. Sie trägt ein Brautkleid als Totengewand, doch
es gehört keinem bestimmten Stil an: die Quelle meiner
Inspiration war hier die australische Krageneidechse. Weil
Lucy sich in einen Vampir verwandelt, während sie dieses
Kleid trägt, wollte ich sichergehen, daß es nach der Ver-
wandlung unheimlich und bizarr wirkt. Auch ihr Make-up
trug zu diesem Effekt bei: Francis sagte, ›Lucys neues
Vampir-Make-up muß immer noch sexy wirken — aber es
sollte eine hurenhafte und lüsterne Komponente erhalten.«

P. O. V. der Männer — Lucy
steigt im Brautkleid die Stufen herab.
Sie wiegt ein kleines Kind in den Armen, singt ihm ein
Wiegenlied vor —

Blick auf die Männer
Ihre Reaktion. Holmwood schnappt entsetzt nach Luft.

Zurück zu P. O. V. der Männer
Kameraschwenk mit Lucy zum Sarg. Van Helsing tut einen
Schritt nach vorn, die anderen stehen ihm zur Seite. Er
ruft sie an.

Halbnah auf Lucy
Sie dreht sich um, und man sieht, daß sie an dem Kind
saugt, das frische Blut fließt als kleines Rinnsal über ihre
Lippen und auf ihr Kleid. Sie sieht die Männer, läßt das
Kind achtlos zu Boden fallen und tritt zurück.

VON DER XANTHIPPE ZUM VAMPIR

Die Rolle von Lucy Westenra, der wohlhabenden, koketten Frau, die ein Opfer von Draculas Charme wird, war ein großes Besetzungsproblem. Von über 500 Schauspielerinnen, die von Victoria Thomas auf die Besetzungsliste gesetzt wurden, wählte Coppola Neuling Sadie Frost, die in *Dracula* ihr amerikanisches Filmdebüt gibt. Sie hatte für die Rolle der Lucy in England vorsprechen wollen, jedoch gehört, daß sie nicht der richtige Typ war. Dann war sie durch Zufall mit ihrem Mann, dem Schauspieler Gary Kemp, in Los Angeles für eine Vorsprechprobe bei Coppola verfügbar. »Er kann sich so gut mitteilen«, sagte Sadie Frost, »er nahm mir sofort alle Befangenheit.«

Lucy ist eine komplexe, manchmal verwirrende Gestalt. »Ich habe fast das Gefühl, drei Rollen zu spielen: Lucy als femme fatale, als Mädchen, das glaubt, den Verstand zu verlieren, und als die besessene Braut von Dracula. Lucy ist voller Leben — sie möchte alles erleben. Und das macht sie verletzlich. Sie sucht nach etwas, das sie bei keinem ihrer Freier finden kann.« Sadie Frost, geboren in London, begann als Elfjährige mit dem Schauspielern in Kinderfilmen und Theaterstücken und ging mit neunzehn zum Manchester's Royal Exchange Theatre. Zu ihren Filmen zählen *The Krays* und *Dark Obsession*. Sie ist auch häufig im britischen Fernsehen aufgetreten.

Sadie Frost wurde als Turnerin ausgebildet, was Coppola gut nutzte. In einigen ihrer Szenen — zum Beispiel, wenn sie wieder in ihren Sarg in der Gruft steigt — wurden ihre Bewegungen rückwärts gefilmt, wodurch eine unheimliche Wirkung erzielt wird, wenn der Film vorwärts abläuft. Einmal übte sie das Hinabgleiten über

die Treppe zur Gruft wie eine Schlange, doch das aufwendige Totenkostüm machte das unmöglich.

Die Szenen, in denen Lucy durch Draculas Anwesenheit sexuell erregt ist, waren nervenaufreibend für Sadie Frost, doch sie fand eine Technik, die ihr erlaubte, »eine Art besessenen Trancezustand« anzunehmen, und diese Szenen einfach als Bewegung zu spielen, als eine Art Tanz.«

Blick auf die Männer.
Sie sind entsetzt.

Halbnah auf das Kind
auf dem Boden. Es stöhnt und weint. Seward kommt ins
Bild, hebt es auf – prüft seine Verfassung.

Zweier-Einstellung – Holmwood und Quincey
Holmwood ist einem Zusammenbruch nahe. Quincey ist
gleichzeitig aufgeregt und entsetzt, hält aber sein Gewehr
schußbereit –

Fahrtaufnahme mit Lucy
Sie wird wieder zu der hübschen, jungfräulichen Lucy.
Langsam geht sie auf Holmwood zu, ihre Bewegungen
sinnlich und voller Anmut.

Lucy
    Komm zu mir, Arthur. Laß diese anderen und komm
    zu mir. Meine Arme sehnen sich nah dir. Komm, und
    laß uns zusammen ruhen. Komm, mein Gatte, komm
    zu mir –

Zurück auf Holmwood
Er nähert sich ihr wie in Trance; die Kamera fährt ein
Stück vor ihm her, während er die Arme ausbreitet –

Holmwood
    Lucy –

Van Helsing springt zwischen die beiden und hält das Kruzifix hoch –

Halbnah auf Lucy
(Stoker: ›Sie schrak davor zurück. Wir sahen ihr Gesicht
im klaren Schein des Mondes und der Laterne ... Wenn

»Nie zuvor habe ich eine solche Verwirrung auf einem Gesicht gesehen...«

je ein Gesicht den Tod bringen konnte — wenn Blicke töten konnten — so sahen wir es in diesem Augenblick.‹)

Die Kamera folgt Van Helsing, der Lucy zum Rückzug zwingt. In ihren Augen brennt ein teuflisches Feuer, und sie erbricht einen Schwall Blut über ihn, während sie in den Sarg zurückgedrängt wird.

»*Arthur zögerte keinen Moment. Er sah wie der altnordische Gott Thor aus, als er den heilbringenden Pfahl tiefer und tiefer in die Brust jagte.*«

[Gruft – Innen – Nacht]

Quincey und Holmwood
Van Helsing gibt Holmwood den Pfahl.

VAN HELSING *(Off)*
    Nur einen Augenblick Mut – und das Werk ist getan.

334

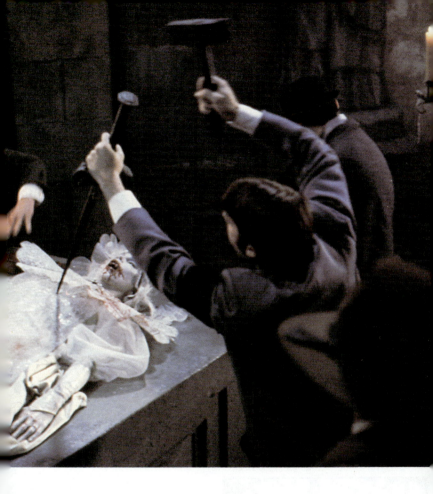

Nehmen Sie den Pfahl in die linke Hand, setzen Sie die Spitze über dem Herzen an – und schlagen Sie in Gottes Namen zu. Tun Sie es jetzt!

Brüllend vor Qual schlägt Holmwood zu. Lucy öffnet den Mund zu einem Schrei. Van Helsing kommt von der anderen Seite ins Bild und schneidet ihr den Kopf ab, bevor sie einen Laut von sich geben kann. (Musikeinsatz.)

Von den ersten Zeichnungen zum genauen Drehplan

Die meisten Filme werden zuerst am Reißbrett entworfen: Der Regisseur zeichnet, Einstellung für Einstellung, seine Ideen für die Umsetzung des Drehbuches in eine Bilderwelt auf. Für den Dracula-Film ist dieser Prozeß einer besonderen Verfeinerung unterworfen worden.

»Eigentlich weiß ja heutzutage jeder, daß die Produktion eines anspruchsvollen Filmes dem Bau eines Wolkenkratzers gleicht — all die

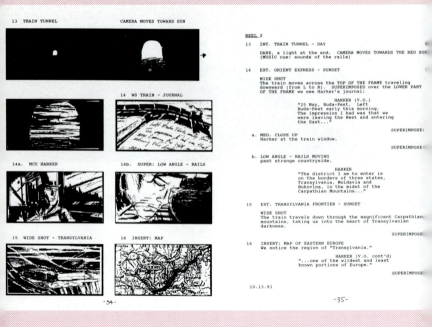

verschiedenen Bilder mit den Schauspielern und den Kostümen zu einem Werk zu verbinden«, sagt Coppola. »Deswegen braucht man verläßliche, detaillierte Pläne.«

Es begann damit, daß Coppola, unterstützt von seinem Assistenten beim Recherchieren, Anahid Nazarian, Hunderte von Bildfunden zusammenstellte — aus Büchern über den Symbolismus, über byzantinische Dekors, viktorianische Möbel — bis hin zu Standfotos aus Eisensteins Filmklassiker »Iwan der Schreckliche«. Damit wollte Coppola sich eine Art visuellen Führer erstellen, der für die Atmosphäre seines Filmes richtungsweisend wurde. Diese Bilder wurden in eine bestimmte Reihenfolge gebracht, auf Mavica-Disk-Format gespeichert und auf ein Videoband übertragen, auf dem auch das Skript zu lesen ist.

Der nächste Schritt bestand darin, auf diese Art den ganzen Film zu entwerfen — eine Arbeit, die Roman Coppola mit seinem Team ausführte, unterstützt von dem Zeichner Peter Ramsey, von Michael Ballhaus und Peter Giuliano. »Es dauerte mehrere Wochen, bis wir das Material für etwa 1000 Einstellungen zusammengestellt hatten«, sagt Roman Coppola. Die Reißbrettzeichnungen wurden Szene für Szene mit dem Drehbuch verglichen und angepaßt — um so einen genauen Bildplan für den Film zu schaffen — eine Art Führer für die verschiedenen Einstellungen, gleichsam die Bibel dieses Films.

»Dieses Bildbuch«, meint Produzent Chuck Mulvehill, »wurde für uns mehr als eine bloße Auflistung der Einstellungen. Es hat uns die Arbeit erheblich erleichtert, denn wir wußten jederzeit genau, was wir erreichen wollten.« Eine Ansicht, der sich der Produktionsdesigner Tom Sanders lebhaft anschließt.

Auszug aus dem Bild-Drehbuch
für DRACULA

[Kapelle von Carfax — Nacht]

In seinem Sarg spürt Dracula Lucys schreckliches Ende.

Einblendung — Lucys Kopf
rollt durch das Nichts davon.

Abblende. Aufblende: [Hotel Berkeley/Grillroom — Tag]

Großaufnahme — ein Tisch
Harkers und Minas Tagebücher liegen auf einem Tisch im Vordergrund. Der Eßtisch ist reich gedeckt. Eine Gabel und ein Messer kommen ins Bild und schneiden eine Scheibe von einem äußerst blutigen Roastbeef ab.

Die Kamera schwenkt nach oben zu einer Nahaufnahme
von Van Helsing, der das Fleisch schneidet und dem Paar
seine neue Entdeckung auftischt. Er häuft rote Fleisch-
stücke auf Minas Teller.

VAN HELSING
Dies ist ein Festmahl! Ihr braucht Kraft für die dunklen
Tage, die vor uns liegen.

Über Van Helsing hinweg auf Mina und Harker
Sie sitzen da wie versteinert.

MINA
Sagen Sie mir doch, Doktor, wie ist Lucy gestorben?
Ich muß es wissen. Sie war meine beste Freundin,
und keiner hat es mir sagen wollen.

Einblendung – die Gruft

Totale/Aufsicht
Die Männer stehen um Lucys Sarg, erschöpft. Lucys Kopf
ist wieder an seinem Platz, der Pfahl steckt in ihrem Herzen. Sie starren voll Scham und Verwunderung auf die
Leiche, denn ›da lag Lucy, wie sie sie im Leben gekannt
hatten, das Gesicht verklärt von Schönheit und Reinheit.‹
(Stoker)

MINA
Hat sie sehr leiden müssen?

Nahaufnahme Van Helsing
Das blutige Roastbeef groß im Vordergrund (Weitwinkelaufnahme). Er ißt und trinkt Bier dazu.

VAN HELSING
Leiden? *Ja*, sie hat sehr gelitten.

340

(Pause)
    Dann schnitten wir ihr den Kopf ab und trieben einen Pfahl durch ihr Herz und verbrannten es – und dann fand ihre Seele Frieden.

Van Helsing lacht und leckt das Blut von seinen Fingern.

Extrem Nah auf Mina
Mina schnappt nach Luft, von Grauen gepackt.

Mina Harkers Tagebuch

Dr. Van Helsing machte weiter mit einer Art Heiterkeit, die zeigte, daß die ernsthafte Arbeit angefangen hatte. »Lassen Sie uns die Beschränkungen des Vampirs im allgemeinen und dieses im besonderen betrachten.

»Er ist überall bekannt, wo Menschen waren. Im alten Griechenland, im alten Rom, in ganz Deutschland, in Frankreich, Indien und China. Er folgt den wilden Isländern, den teuflischen Hunnen, den Slawen, den Sachsen, den Ungarn . . . Der Vampir lebt weiter und kann nicht einfach im Laufe der Zeit sterben; er kann blühen und gedeihen, wenn er sich vom Blut der Lebenden ernährt . . . Er wirft keinen Schatten; er hat kein Spiegelbild . . . er kann sich in einen Wolf verwandeln; er kann eine Fledermaus sein; er kann im Nebel kommen, aber nachdem, was wir wissen, ist die Entfernung als Nebel begrenzt, und er kann nur um sich selbst herum Nebel sein. Er kommt auf Strahlen des Mondscheins als Staub, wie Jonathan diese Schwestern in Schloß Dracula sah . . . Er kann in der Dunkelheit sehen – keine kleine Macht in einer Welt, die halb vom Licht abgeschlossen ist . . . All dies kann er, doch er ist nicht frei. Er, der nicht aus der Natur ist, hat dennoch einige der Gesetze der Natur zu befolgen – warum, wissen wir nicht. Er kann nirgendwo eintreten, es sei denn, jemand vom Haushalt bittet ihn herein; danach kann er jedoch kommen, wie es ihm beliebt. Seine Macht endet wie die aller Mächte der Finsternis mit dem Tagesbeginn . . . Und nicht das Geringste an seinem Schrecken ist, daß dieses Böse tief verwurzelt in allem Guten ist; in Boden ohne heilige Erinnerung kann er nicht ruhen.«

Dreier-Einstellung

HARKER
Doktor, bitte!

Van Helsing deutet auf das Tagebuch.

VAN HELSING
Ich denke, daß wir drei doch über die außergewöhn-
lichen Vorkommnisse Bescheid wissen, die in diesen
Tagebüchern beschrieben werden?

Harker und Mina stimmen ihm zu.

VAN HELSING
So seltsam und schrecklich es auch ist — es ist die
Wahrheit. Ich würde mein Leben darauf verwetten.
(er schweigt, lehnt sich zurück)
Und nun, Mr. Harker, muß ich Ihnen als Ihr Arzt
eine äußerst delikate Frage stellen. Während Ihrer
›Untreue‹ mit jenen Geschöpfen — diesen
dämonischen Frauen —
(gewichtig)
— haben Sie da, und sei es auch nur einmal — von
deren Blut gekostet?

Van Helsing richtet seinen hypnotischen Blick auf Harker.

HARKER
(schüttelt den Kopf)
Nein.

VAN HELSING *(erleichtert)*
Das ist gut. Dann haben Sie Ihr Blut nicht mit der
schrecklichen Krankheit infiziert, die die arme Lucy
getötet hat.

Die Kostüme werden das Bühnenbild sein

»Es war von Anfang an klar«, sagt Francis Coppola, »daß das Drehbuch eine Gruppe sehr junger Schauspieler vorsah. So sagte ich, dann laß uns unser Geld nicht für Bühnenbilder, sondern für die Kostüme ausgeben, denn die Kostüme sind den Schauspielern am nächsten. Laßt uns diese jungen Schauspieler mit schönen, exotischen, erotischen Kostümen kleiden, die soviel von der Emotion gleich im Stoff haben.«

Um seine visuellen Ideen für *Dracula* umzusetzen, bat Coppola die berühmte japanische Kostümbildnerin Eiko Ishioka, die Kostüme zu entwerfen. Eiko, weltweit für ihre innovative Arbeit bekannt, hatte die Kostüme für Paul Shraders *Mishima*, das Bühnenstück *M. Butterfly*, Philip Glass' Oper *The Making of the Representative for Planet 8* und für das Märchentheater *Rip Van Winkle* fürs Fernsehen gemacht, wo sie zum ersten Mal mit Coppola zusammengearbeitet hatte. Coppola erklärt: »Bei Eiko wußte ich, daß wenigstens ein Element des Films völlig atypisch, absolut neu und einzigartig sein würde.«

Weil Dracula im Studio gedreht wurde und nur benutzt wurde, was sich Coppola ursprünglich als minimales Bühnenbild vorgestellt hatte, mußten die Kostüme im Mittelpunkt stehen.

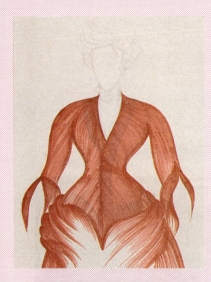

Eikos erste Skizze für Minas rotes Kostüm und die fertige Ausführung, wie sie im Film zu bewundern ist.

Sie sollten eine atemberaubende Wirkung haben; sie sollten Gestalten, Zeit, Stimmung und die ganze Atmosphäre des Films schaffen – mit anderen Worten, ein »Bühnenbild, das von den Darstellern getragen wurde.«

»Kostüme sollten mehr sein, als nur Dinge, welche die Rolle der Schauspieler erklären, die sie tragen«, sagt Eiko. »Kostüme müssen genug Aussagekraft haben, um die Schauspieler, die Kameraleute, Bühnenbildner und den Regisseur herauszufordern. Und schließlich sollten sie den Zuschauer herausfordern, damit dieser sich Gedanken macht, warum der Schauspieler ein bestimmtes Kostüm trägt.«

Eikos Herkunft, als Japanerin visueller Kultur aus der ganzen Welt ausgesetzt, gab ihr einzigartiges Rüstzeug für die Interpretation der Vermischung von Ost und West in der Geschichte. Einige der viktorianischen Kleider zum Beispiel wurden mit japanischen *obi* (Gürtel um den Kimono)-Stoff angefertigt. Wie Coppola stützte sie sich auf ein weiteres Gebiet visueller Quellen zur Inspiration, von symbolistischen Gemälden über buddhistische Figuren bis zu australischen Rüschenkleidern (die Quelle für Lucys bizarres Hochzeitskleid). »Aber ich benutzte solche Quellen nur als Inspiration«, sagt Eiko. »Ich habe nie ein Design kopiert.«

Die Kostüme benutzen eine symbolische Sprache, um Charakterzüge zu bezeichnen. Rot, die Farbe des Bluts und der Leidenschaft, ist für Draculas Kostüme reserviert — mit Ausnahme des roten Kleides, das Mina trägt, wenn sie mit Dracula im Rule's Cafe tanzt. Weiß, schwarz und gold sind ebenfalls wichtig bei Draculas Kostümierung.
Minas Kleidung ist hauptsächlich grün, was ihre Jugend, ihre Einfachheit und Naivität widerspiegelt.
Lucy und Mina tragen ähnliche grüne Kleider in einer Partyszene, doch die Stickerei — bei Minas Kleid Blätter, bei Lucys Kleid Schlangen — unterscheidet sich wesentlich.

Kostümbildner Richard Shissler erwarb sich große Verdienste bei der Umsetzung von Eikos Entwürfen in die Wirklichkeit. Bei Eikos starkem Hang zum Perfektionismus und ihrem Wunsch, museumsreife Arbeit zu machen, waren viele der Kostüme Unikate. »Wir hätten vielleicht Duplikate von jedem Teil herstellen sollen, aber dafür hatten wir einfach nicht das nötige Budget«, meint Shissler.

Eiko hörte sich verschiedene frühe Lesungen des Drehbuchs an, um sich ein genaues Bild von diesem Filmprojekt zu entwickeln. »Ich fühlte mich wie eine Bildhauerin, die vorsichtig den Meißel an einen Marmorblock ansetzt. Es gab zahllose Möglichkeiten — aber wenn ich die Schauspieler den Text sprechen hörte, wurde mir klar, welche Richtung ich wählen sollte.«

Als Harker das hört, lebt er wieder auf.

HARKER
Nein... Doktor, Sie müssen das verstehen — ich habe an allem gezweifelt — sogar an meinem Verstand. Ich war völlig schwach, ja impotent vor Angst.

VAN HELSING
Ach so!

HARKER
(macht ein grimmiges Gesicht)
Aber, Sir — ich weiß, wo das Ungeheuer ruht. Ich habe ihm ja dazu verholfen, hierherzukommen — Er ist in der Abtei Carfax.

VAN HELSING
Der Vampir lebt. Dieser, den wir bekämpfen, hat die Stärke von zwanzig Männern, das können Sie bezeugen, Mr. Harker. Er kann den niederen Wesen der Schöpfung gebieten: der Fledermaus... der Ratte... dem Wolf... und er beherrscht die Elemente. Er kann als Nebel und Dampf erscheinen und sich nach seinem Willen unsichtbar machen. All diese Dinge beherrscht er, und dennoch kann er, dieser Dracula...

Er wirft plötzlich alte Münzen auf den Tisch.

VAN HELSING
... getötet werden.

Jonathan reagiert mit Furcht auf den Namen. Mina nimmt seine Hand.

Einblendung: Großaufnahme — die Münzen
Man sieht Draculas Bild darauf.

[Irrenanstalt — Carfax in Sichtweite — Abend]

Untersicht
Musik setzt ein. Die ›Vampirmörder‹ sind bereits versammelt. Wind kommt auf. Holmwood hält zwei jaulende, zerrende Jagdhunde an der Leine. Quincey und Harker tragen Pistolen und Gewehre, Messer im Gürtel, Fackeln und Äxte. Seward steht bei Van Helsing, der lediglich seine Tasche bei sich trägt, als sei er zu einem Patienten gerufen worden. Auch Mina ist da. Es ist deutlich, daß die Männer sie beschützen.

Van Helsing*(Off)*
 . . . Was gibt uns die Kraft, ihn zu vernichten? Es ist
 die Macht Gottes, die wir auf unserer Seite haben. Mit
 Seiner Hilfe vergiften wir die Kisten mit der Heimat-
 erde, in denen der Vampir ruht. Wir kämpfen mit den
 Dingen, die Gott heilig sind: der Hostie, dem Kreuz
 und dem Weihwasser. Und dann brennen wir ihn,
 denn der Teufel, obgleich in der Hölle zu Hause,
 fürchtet in seinem irdischen Körper das Feuer. Wir
 müssen die Erdkisten finden, in denen er seine
 Zuflucht sucht. Sucht gründlich, denn wenn wir
 versagen, wird er am Ende gewinnen. Und er gewinnt
 nicht nur viele Menschenleben für sich. Er gewinnt die
 Seelen dazu, meine Freunde. Seelen, denen die
 Pforten des Himmels für immer verschlossen sind.
 Darum sucht — findet — und zerstört.

Die Vampirjäger versammeln sich. »Meine Freunde, wir werden uns in schreckliche Gefahr bringen, und wir werden viele helfende Hände brauchen.«

Zweier-Einstellung — Mina und Harker
Harker sammelt Axt und Ausrüstung zusammen.

MINA
   Er tut mir fast leid, dieser Graf, der so erbarmungslos gejagt wird —

Blick auf ein Fenster der Irrenanstalt
Renfield — seine schattenhafte Gestalt steht hinter dem vergitterten Fenster und beobachtet Mina und Harker. Er zieht die Luft ein, schnüffelt wie ein Tier.

RENFIELD
(an die ferne Mina gerichtet)
    Du riechst nach ihm . . .

Halbtotale
Seward kommt ins Bild: er will Mina ins Haus bringen.

SEWARD
    Ich bringe sie in meine Wohnung.

Sie gehen auf die Irrenanstalt zu, und Harker schließt sich
den anderen Männern an, die in Richtung Carfax davon-
gehen.

Auf Van Helsing
Schwenk mit ihm bis zu einer Einstellung mit Quincey.

VAN HELSING
    Mr. Morris — Ihre Kugeln können ihm nichts anhaben
    — er muß in Stücke gerissen werden. Ich würde vor-
    schlagen, daß Sie Ihr großes Messer benutzen.

QUINCEY
    So nah wollt' ich eigentlich nicht an ihn 'ran, Doc.

Kamerafahrt mit Mina und Seward
die auf die Irrenanstalt zugehen. Sie dreht sich noch
einmal um, sieht, wie die Männer sich entfernen.

Auf Renfield
Er streckt seinen Kopf aus dem Fenster, als die Männer
das Carfax-Grundstück betreten.

RENFIELD
(ruft immer wieder)
    Meister! Meister!

DER MANN, DER UNSTERBLICH SEIN WÜRDE

»Ich bin ein geistig gesunder Mann, der um seine Seele kämpft... eine großartige Zeile«, schrieb Francis Coppola in seinen Notizen. »Renfield ist kein Vampir, sondern ein Infizierter wie Harker. Wie stellen wir ihn also dar...? Ich will die Rolle mit Tom Waits besetzen, und es ist mir egal, ob er das weiß.«

Tom Waits, Dr. Sewards Patient, hat mit Coppola an der Musik für *The Outsider, Ruble Fish, The Cotton Club* und an der Oskar-nominierten Musik für *One from the Heart* gearbeitet. Der international bekannte Sänger und Schauspieler begann das Komponieren und das Schauspielen in seiner Heimatstadt Los Angeles, wo er in einem Wagen wohnte und als Türsteher eines Nachtklubs arbeitete. Er hatte lange Zeit Auftritte im Tropicana Hotel, ein legendärer Auftrittsort für reisende Musiker.

Waits musikalischer Stil ist unverwechselbar, aber schwer zu definieren. Ein Journalist bezeichnete ihn als »Bohème-Jazz gemischt mit Blues«. Seine whiskyrauhe Stimme war zum ersten Mal 1973 auf dem Album »Closing Time« zu hören, und das 1975 live aufgenommene Doppelalbum »Nighthawks at the Diner« zählt zu seinen populärsten Aufnahmen.

Waits war 1979 zum ersten Mal in Sylvester Stallones *Paradise Alley* auf der Leinwand zu sehen, und er gewann große Beachtung durch Jim Jarmuschs *Down by Law*. Er trat in *Ironweed, Queens Logic* und *At Play in the Fields of the Lord* auf und spielte die Hauptrolle in seinem eigenen Konzertfilm

Big Tim. Er ist Mitverfasser eines Stücks für Chicagos »Steppenwolf Theater« und tritt in Bühnenaufführungen dort und in Los Angeles auf. Er komponierte die Musik für Jarmuschs *Night on Earth* und arbeitete mit Regisseur Robert Wilson und mit William Burroughs zusammen an der Oper *The Black Rider*, die 1990 Premiere hatte. Eine andere Zusammenarbeit mit Wilson, *Alice in Wonderland*, hat Ende 1992 Premiere, nachdem er kurz zuvor ein neues Album veröffentlichte, auf dem der inzwischen Familienvater gewordene Waits leisere Töne anschlägt.

Waits war für die überwiegend jungen Schauspieler in *Dracula* so etwas wie eine lebende Legende. »Wenn er Renfield las, lachten die anderen, er war so großartig«, erinnert sich Keanu Reeves.
»Einmal, beim Mittagessen, setzte er sich ans Piano und spielte und sang ›Waltzing Matilda‹ für Winona.«

[Korridor in der Irrenanstalt — Nacht]

Master/Fahrtaufnahme
Die Kamera nimmt Seward von vorn auf: er führt Mina
den Korridor entlang. Sie kommen an Renfields Zellentür
vorbei. Er ist außer sich vor Erregung.

RENFIELD
    Meister — ich bin hier!

Mina wird langsamer und dreht sich erschreckt um.
Seward will sie zum Weitergehen bewegen — sie sträubt
sich.

MINA
    Dr. Seward, wer ist dieser Mann?

SEWARD
    Mr. Renfield. Dies ist kein Ort für Sie, Madam Mina —

MINA
(beharrlich)
    Renfield? Ich muß ihn sehen.

Die Kamera fährt näher heran, als sie sich der Zelle nähert
und Seward versucht, sie in sicherem Abstand davon zu
halten. Sie kommen in eine Dreier-Einstellung *(halbnah).*

SEWARD
    Renfield, Sie benehmen sich jetzt, ja? Dies ist Mrs.
    Harker.

Nahaufnahme Renfield
Er verbeugt sich höflich und mustert sie mit klarem,
ruhigen Blick durch die Gitterstäbe.

356

RENFIELD
Guten Abend.

Nahaufnahme Mina.
MINA
Guten Abend, Mr. Renfield.

RENFIELD
Ich bin wohl ziemlich dreist gewesen.

Er schaut ihr tief in die Augen. Die seinen weiten sich
plötzlich vor Schreck.

RENFIELD
Ich kenne Sie. Sie sind die Braut, die mein Meister
begehrt!

MINA
Ich habe einen Gatten. Ich bin Mrs. Harker.

Einzeleinstellung mit Seward
Er beobachtet die Szene.

RENFIELD
Mein Meister erzählt mir von Ihnen.

MINA
Was erzählt er Ihnen?

RENFIELD
Daß er kommen wird ... um Sie zu holen.
(er winkt ihr, näher zu kommen)
Bitte bleiben Sie nicht hier — meiden Sie diese
Männer ... bitte. Ich bete zu Gott, daß ich Ihr
schönes Gesicht niemals wiedersehen möge.

Leonard Wolf, aus *The Annotated Dracula*, über Renfield:

»›Der Meister ist da.‹ Mit dieser brüsken Ankündigung nimmt Renfield den Gegenpart zu der Rolle Johannes des Täufers an und verkündet das Kommen des Antichristen.
›Das Blut ist das Leben!‹ zitiert Renfield aus der heiligen Schrift. Seine Wärter hätten ihn jedoch daran erinnern können, daß seine hündische Art, Blut zu schlecken, von der Bibel verboten wird. ›Das Blut ist das Leben‹ steht im 5. Buch Moses, Vers 12:23, aber der vollständige Vers lautet, ›Allein achte darauf, daß du das Blut nicht ißt; denn das Blut ist das Leben; darum sollst du nicht zugleich mit dem Fleisch das Leben essen.‹ Und dies ist nicht die einzige Stelle in der Bibel, wo das Trinken des Blutes verboten ist.«

(er küßte ihre Hand, die auf den Gitterstäben liegt)
Er segne und behüte Sie!

Zurück in Mastereinstellung
Mina ist von Renfield zutiefst fasziniert und verwirrt. Plötzlich bekommt er einen Anfall und schlägt seinen Kopf gegen die Gitterstäbe.

RENFIELD
Meister! Meister! Du hast mir das ewige Leben versprochen — und nun gibst Du es dieser schönen Frau!

Seward zieht Mina von der Zelle weg und geht eilig mit ihr den Korridor hinunter. Die Kamera bleibt auf Renfield.

RENFIELD
Dr. Jack! Ich bin nicht geisteskrank! Ich bin ein gesunder Mensch, der um seine Seele kämpft!

»Ich bin ein gesunder Mann, der um seine Seele kämpft.«

[Sewards Wohnung — Nacht]

Totale
Seward wünscht Mina gute Nacht und küßt ihr die Hand,
bevor er sie allein läßt. Aus dem Off hört man immer
noch Renfields Schreie.

SEWARD
Hier sind Sie vollkommen sicher.

Die Kamera folgt Mina zum Fenster. Über ihre Schulter
hinweg sieht man aus dem Fenster auf das Carfax-Grundstück.

[Kapelle von Carfax — Nacht]

Untersicht/total — Kamerafahrt
mit den Männern, die die unheimliche Umgebung betrachten und an den Reihen der aufgestellten Kisten entlang-
gehen. Das Licht der Fackeln fällt auf die Kisten. Vor Aufregung zitternd untersucht Harker eine der Kisten.

Von unten auf
Dracula — in seiner Fledermausgestalt, an der Decke
hängend. Die Kamera fährt auf sein Gesicht.

VAN HELSING
Die heilige Erde seiner Heimat. Zerschlagt jede Kiste
und reinigt die tote Erde. Er darf keine Zuflucht mehr
haben. Laßt uns mit der Austreibung beginnen.

Auf Harker
Er macht den Anfang: mit einem Wutschrei treibt er seine
Axt in den Deckel einer Kiste. Schlägt noch einmal zu —
dann zur nächsten Kiste — schlägt sie kurz und klein —

Nahaufnahme der Fledermaus.

Auf Van Helsing
Er holt eine Flasche mit Weihwasser aus seiner Tasche und
hängt sie sich um den Hals.

Auf Holmwood und Quincey
Sie schütten die weißliche, verschimmelte Erde aus den
Kisten —

Zurück auf Van Helsing
Er besprengt die Erde mit Weihwasser und steckt brennende Kerzen und Kruzifixe hinein; gleichzeitig spricht er
das Gebet zur Teufelsaustreibung:

VAN HELSING
(lateinisch)
> Ich beschwöre dich, Schlange, im Namen des Richters
> über die Lebenden und die Toten, bei deinem
> Schöpfer, dem Schöpfer des Alls, der die Macht hat,
> dich zur Hölle zu senden — daß du unverzüglich
> diesen Ort fliehen mögest.

Von oben — ›Pixillation‹ — P. O. V.
Die Männer tun ihre schmutzige Arbeit. Man sieht ihre
Herzschläge — das Blut in ihren Adern — ihr heftiges
Atmen. Man vernimmt Draculas metallisches Knurren.

›Pixillation‹ P. O. V. — kommt in Bewegung
Der Fledermaus-Dracula fliegt aus der Kapelle Richtung
Irrenanstalt, auf Renfields Fenster zu.

Die Vampirjäger zerstören Draculas Särge in Carfax und reinigen die Erde.

[Sewards Wohnung — Nacht]

Mina sitzt in ihrem Nachtgewand auf dem Bett. Aus dem
Off sind immer noch Renfields schreckliche Schreie zu
hören. Mina hält sich verzweifelt die Ohren zu, will, daß es
endlich aufhört. Die Kamera folgt ihr zum Fenster.

RENFIELDS STIMME
  Du kannst sie nicht haben . . .

[Carfax — aus der Ferne]

Minas P. O. V. — aus dem Fenster
In der Ferne sieht sie die kleinen flackernden Lichter der
Fackeln. Ein schmaler grünlicher Nebelstreifen schlängelt
sich durch das Gras auf die Anstalt zu, er ist fast
unsichtbar.

RENFIELDS STIMME
  Ich habe versucht, sie zu warnen. Sie wollte nicht auf
  mich hören. Du mußt sie verschonen, Meister. Du
  darfst sie nicht haben —

[Renfields Zelle]

Kameraschwenk über die Wand herunter
dem grünen Nebel folgend, bis hin zu Renfield in der Ecke
(Aufsicht).

DRACULA *(Off)*
  Renfield . . . du hast mich verraten.

Renfield blickt auf, zu Tode erschrocken.

RENFIELD
 Nein, Meister! Ich diene doch nur Dir... Dir allein!

Man sieht, wie sich Renfield — anscheinend aus eigenem Antrieb — immer wieder mit dem Kopf voran gegen die Gitterstäbe wirft. Ein Geisteskranker, der seinen persönlichen Dämon austreibt.

[Anstalt — Renfields Zelle]

Untersicht/total
Renfield steckt zwischen den Gitterstäben; eine verkrümmte Gestalt, er stirbt. Ein Wärter kommt hereingelaufen.

[Kapelle — Nacht]

Totale
Harker schlägt die Kistendeckel auf. Die anderen schichten die Kisten zu einem Stapel. Seward kommt hinzu, er läuft, um sich ihnen anzuschließen. Quincey gießt Petroleum über dem Stapel aus — von unten ertönen hohe, piepsende Schreie.

Aufnahme in Bodenhöhe
Unter den Kisten kommen Ratten hervor, sie wirken wie ein Wirbel aus funkelndem Nebel, der über den Boden huscht — auf die Kamera zu (Kamerarückfahrt vor den Ratten). Sie klettern an Harker hoch; die anderen reißen sie herunter.

VAN HELSING
    Die Hunde her!

Künstlerischer Leiter der Bildeffekte, Roman Coppola:

»Um den grünen Nebel zu filmen, experimentierten wir zuerst mit einer Art Puppe, einer Marionette in Nebelgestalt, die auf der einen Seite eines halbdurchlässigen Spiegels hin und her bewegt wurde. Wie bei all diesen Spiegeleffekten hängt die Erscheinung des Bildes davon ab, ob die Lichtquelle oben oder unten angebracht wird; und die Beleuchtung hätte dafür gesorgt, daß es grün aussah. Aber — wie man mir sagte — die Puppe sah einfach nicht nach Nebel aus, was immer wir auch versuchten. So kamen wir schließlich dazu, Trockeneis verdampfen zu lassen — das wurde dann grün angeleuchtet und mit dem Spiegel auf den Set eingeblendet. Im endgültigen Schnitt wurden dann auch noch einige optische Effekte eingearbeitet.«

Eine Illustration aus dem Buch »The annoted Dracula«.

Weiter
Harker wirft seine Fackel auf den Stapel; er explodiert zu einem Feuerball —

[Sewards Wohnung — Schlafzimmer — Nacht]

Ein langsamer Schwenk von der Tür aus
(Musikeinsatz.) folgt dem grünen Nebel, der durch das
Fenster ins Zimmer dringt, die Wand herabgleitet und zum
Fußende des Bettes gelangt; dann gleitet er am Boden
hoch, über Minas Körper, der sich unter der Bettdecke
abzeichnet, und windet sich wie eine Schlange an ihr
entlang (Rücklauf). Die Kamerafahrt endet in einer
Nahaufnahme von Mina: sie schläft.

MINA
(im Schlaf)
O mein Liebster — ja — du hast mich gefunden —

DRACULA
Mina . . . meine geliebte Mina —

MINA *(im Schlaf)*
Ich habe es gewollt. Ich weiß es nun. Ich will bei dir
sein — für immer —

Minas P. O. V. — Dracula
der unter der Decke an ihrer Seite hervorgleitet. Er ist
wieder jung und schön — und schaut sie leidenschaftlich
an. Die Kamera fährt zurück *(Zweier-Einstellung)*.

DRACULA
Du weißt nicht, was du sagst.

Nahaufnahme Mina
Ihre Augen sind nun offen.

MINA
Doch . . . ich weiß es.

Dracula findet seine Prinzessin

DER HORROR
DES SEX

Philip Burne-Johns' Gemälde DER VAMPIR verursachte 1897 bei seiner Vorstellung in London einen Skandal, in dem Jahr, in dem DRACULA veröffentlicht wurde. Das Modell für das Gemälde war die englische Schauspielerin Patrick Campbell.

Vampire verführen uns, bringen uns an finstere Plätze und wecken uns mit sexuelle Methoden, die tabu sind«, bemerkt Drehbuchautor James Hart. »Der Vampir kommt und sagt ›Ich werde dich töten, und du wirst es lieben – und nicht nur das, du wirst mehr wollen‹.«

Eine schreckliche Faszination am Sex ist ein Kennzeichen der viktorianischen Prosaliteratur, besonders deutlich in Bram Stokers *Dracula*. Seine Vampire verkörpern hemmungslose Libido, »Sex, der nach dem vollen Duft des Sumpfs riecht«, wie Leonard Wolf sagt. Stokers menschliche Gestalten, sogar der sittenstrenge Jonathan Harker, werden unwiderstehlich davon angezogen – doch wenn sie der Faszination erliegen, sind sie dem Untergang geweiht. Nur der Tod und ein heiliges Ritual des Exorzismus kann ihre Seelen retten.

Frauen, zumindest in der Fiktion, sind besonders anfällig für den Sexappeal des Vampirs, und ihre Bestrafung spiegelt die sexuelle Unterdrückung der Frauen in der ganzen Menscheitsgeschichte wider. »In *Dracula* stellt Lucy die sich entfaltende junge Frau dar, die verzweifelt versucht, sich selbst zu verwirklichen und ihr Verlangen zu erfüllen«, sagt Hart. »Keiner der Männer um sie herum ist in der Lage, das für sie zu tun. Nur Dracula befriedigt sie – aber er vernichtet sie.«

Die Frauen in *Dracula* leben aus den sexuellen Phantasien der Männer und zahlen den Preis dafür. Wie George Stade geschrieben hat: »Das vorherrschende Gefühl des Romans ist ein schreiender Horror der weiblichen Sexualität.« In seiner fiebrigen Neugier und aus Scham vor Sex hat Stoker die Ängste seiner Epoche versinnbildlicht.

Sie küßt ihn — der Kuß wird fordernder. Sie öffnet die Beine und zieht sein Gesicht an ihren Hals — zu ihren Brüsten. Ihr Gewand gleitet von der weißen Schulter herunter — und sein Mund berührt ihre Haut. Sie schlingt ihre Beine um seine Taille. Sie wölbt sich ihm entgegen.

MINA
Ich war so verzweifelt — daß ich nie mehr deine Zärtlichkeit spüren würde — ich hatte Angst, du seist tot.

Dracula hält an ihrer Kehle inne — ihr Pulsschlag hämmert in seinem Kopf. Er greift ihre Hand und legt sie auf seine nackte Brust — auf sein Herz. Sie erstarrt — sie begreift —

Nahaufnahme Dracula

DRACULA
In diesem Körper ist kein Leben . . .

Zweier-Einstellung
Sie schreckt zurück — angewidert, entsetzt.

MINA
Aber du lebst! Du lebst! Was bist du? Ich muß es wissen. Du mußt es mir sagen.

DRACULA
Ich bin nichts. Leblos, seelenlos — gehaßt — gefürchtet. Für die Welt bin ich tot. Hör mich an: Ich bin das Ungeheuer, das die Menschen töten wollen! Ich bin Dracula.

Mina bricht zusammen, ihre Kräfte verlassen sie. Verzweifelt und kraftlos schlägt sie auf ihn ein — ihre eigene Schuld treibt sie an. Dracula wendet sich ab, verbirgt sein Gesicht vor Scham, während sie weinend auf ihn

einschlägt. Sein Antlitz wird von dem Gesicht des alten
Dracula überlagert (Projektion).

MINA
(gesteht)
Ich liebe dich . . . möge Gott mir vergeben . . . ich liebe
dich!

Sein ganzes Wesen füllt sich mit Kraft — mit Lust. Er wendet sich langsam zu ihr, sein Gesicht wieder jung und
schön. Er fühlt eine unendliche Zärtlichkeit und Liebe für
diese unglaubliche Frau.

Extrem Nah — Dracula über Mina
Dracula erhebt sich über ihr, hält sie zärtlich mit den
Händen, wie bei einer ›Vampirhochzeit‹.

MINA
Ich will das sein, was du bist. Sehen, was du siehst.
Lieben — was du liebst.

DRACULA
Mina — um mit mir zu kommen, mußt du sterben
und zu meinem Leben wiedergeboren werden.

MINA
Du bist meine Liebe — und mein Leben. Für immer —

Er schließt sie in die Arme, beugt sich sanft nach hinten.

DRACULA
Dann — gebe ich dir das ewige Leben. Die immer-
während Liebe. Die Macht über den Sturm. Und
über die Tiere der Erde. Komm mit mir — und sei
mein Weib — auf ewig.

Die Hochzeitszeremonie der Vampire.

Mina
    Ja – ich will – ja –

Weiter
Mit der Sanftheit eines Kindes streichelt Dracula ihr Gesicht. Sie ist bereit. Er dreht sanft ihr Gesicht, entblößt ihren Hals und küßt sie.

Dracula
   Ich nehme dich zur Frau — für die Ewigkeit —

Sie stöhnt verzückt — dann ein kleiner Schmerz, als er ihre Ader trifft.

Nahaufnahme — seine Brust
Mit seinem langen Daumennagel öffnet er eine Ader über
seinem Herzen. Man sieht das schlagende Herz.

DRACULA
— Leib von meinem Leib — Blut von meinem Blut...
Mina... Trink und folge mir in das ewige Leben —

Er zieht sie fordernd an seine Brust. Sie trinkt. Ihr wird
schwindlig, als sein Leben in sie übergeht.

Gegenschuß auf Dracula
Er zögert — die Tränen steigen in ihm hoch — plötzlich
bezwingt er seine Lust. Entsetzt stößt er sie zurück.

DRACULA
Ich darf es nicht zulassen!

MINA
Bitte — laß mich — ich will dir angehören.

DRACULA
Du wirst verflucht sein — wie ich — und auf ewig im
Schatten des Todes wandeln. Ich liebe dich zu sehr —
um dich mit in die Verdammnis zu ziehen!

Sie schaudert — bittet ihn, hält ihn, streichelt ihn.

MINA
Nimm mich hinweg von diesem Tod!

Sie drückt ihre Lippen wieder auf seine Brust. Seine eksta-
tischen Seufzer steigern sich zu einem Höhepunkt; dann
schließt er sie fest in die Arme, hält sie an sich gepreßt.

Totale/Auf die Tür
Die Tür fliegt auf und die Kamera fährt zurück, so daß
man Van Helsing und die anderen Männer an der Tür-
schwelle erblickt. Sie erstarren vor Schreck — sehen aber
nur Mina, deren Kopf in der Stellung verharrt, in der sie
aus Draculas Brust getrunken hat.

HARKER
    Mina!

Halbnah — der Fledermaus-Dracula
kommt aus dem Nichts, schießt hernieder, seine Augen
rot vor Wut. Mina im Hintergrund schreit auf — Scham
und Entsetzen klingen aus ihrem Schrei. Die Kamera fährt
zurück, als Dracula katzenartig auf die Männer zuspringt;
er will Mina beschützen.

Über Dracula hinweg auf die Männer (Minas P. O. V.)
Seward und Holmwood halten ihre Gewehre schußbereit.

Nahaufnahme Van Helsing
Er kommt näher und hebt ein großes Kruzifix in die Höhe.
Als er sich Dracula nähert, verändert sich der Blickwinkel
der Aufnahme: über Draculas Schulter hinweg auf Van
Helsing. Die Todfeinde stehen sich gegenüber.

Halbnah
Über Van Helsing hinweg auf den Fledermaus-Dracula.

DRACULA
    Alter Narr! Denkst du, du kannst mich mit deinem
    Götzenbild zerstören?

Er gibt ein schreckliches Knurren von sich und das Kruzifix
vor seinem Gesicht geht in Flammen auf.

DIE VIELEN GESICHTER VON DRACULA

Eine von Draculas Hauptqualitäten als Vampir ist seine Fähigkeit, sich in viele Gestalten zu verwandeln und sein Äußeres zu verändern — eine Herausforderung für die Maskenbilder, die die Gesichter und Körper für die Kamera formen, und für die Schauspieler, die in der Maskierung spielen müssen.

Gary Oldman hatte gleich zehnmal sein Äußeres zu verwandeln. Da war Drakula als der Prinz des 15. Jahrhunderts — sein Gesicht basierte auf alten Holzschnitt-Illustrationen; als der finstere Fahrer der Kalesche; als der 400 Jahre alte Edelmann mit Haaren an den Handflächen; als dämonische Bestie, die halb Mensch und halb Wolf ist, und später ganz Wolf. »Zum Mythos der Vampire gehört auch, daß sie sich in Wölfe verwandeln«, sagt Francis Coppola, »und Macht über Wölfe und niedere Kreaturen ausüben. Vampire haben auch eine Verbindung mit der Fledermaus, und so sehen sie Dracula ebenfalls als ein Fledermausgeschöpf.« In einer der großen Szenen, in denen er Van Helsing gegenübertritt.

Dracula als Fledermaus.

Zuvor erscheint er als schneidiger junger viktorianischer Dandy auf den Straßen von London und bei zwei Szenen mit einer zerstörten Totenmaske. Drei andere Inkarnationen — als schwer faßbarer grüner Nebel, eine sich auflösende Schmetterlingspuppe und eine aufregende Montage von Ratten auf einer menschlichen Gestalt — verdanken ihre Existenz dem Team für Spezialeffekte.

Alle Masken, mit denen Gary Oldman auftritt,

Der wölfische Dracula mit Lucy

Latex-Formen für einige von Draculas Horror-Geschichten

wurden von dem Maskenbildner für Spezialeffekte Greg Cannom kreiert, in Zusammenarbeit mit seinem Kollegen Matthew Mungle und mit dem Perücken- und Haarspezialisten Stuart Artingstall. Cannom verbrachte ein paar Monate mit der Planung der Masken, bevor die Dreharbeiten begannen. Cannom sagt: »Francis war gleich bei unserem ersten Treffen voller Ideen — er ließ vor meinem geistigen Auge so viele Bilder entstehen, daß es leicht war, die Masken für den Film zu entwickeln.«

Cannoms schwierigste Aufgabe war das Make-up für das Alter, die erste von vielen Masken, die er für den Film entwarf. Nach Experimenten mit Maggie Smith' 90jähriger Frau in *Hook* perfektionierte er ein durchsichtiges Äußeres, durch das trotz all der Schichten einzelne Venen gesehen werden können. Jedes Schminken des alten Dracula dauerte mit dem Auftragen von zwölf Schaumlatexschichten vier Stunden.

Eine weitere Tortur waren die harten Kontaktlinsen, die seine Augen röteten und jeweils nur eine halbe Stunde getragen werden durften.

Einmal erlitt Oldman eine ernsthafte allergische Reaktion wegen einer der benutzten Chemikalien für das prothetische Make-up, und ein Double ersetzte ihn kurz in der Maske der Wolfsbestie. Doch selbst unter der Schminke konnten Betrachter auf der Bühne den Unterschied spüren.

»Die große Herausforderung bei all diesen Masken«, sagt Gary Oldman, der am liebsten Jeans und T-Shirt trägt, »besteht darin, daß man sich nicht von dem prothetischen Make-up oder den Kostümen unterdrücken lassen darf. Man muß sie tragen und die Energie haben, die Rolle zu spielen, so daß die Persönlichkeit durch all dieses Plastik hindurch zum Vorschein kommt.«

DRACULA
(fährt fort)
Ich, der ich dem Kreuz gedient habe − der über
Nationen geboten, Jahrhunderte, ehe ihr geboren
wart.

VAN HELSING
(überschreit den rasenden Wind)
Deine Heere wurden geschlagen. Du hast Tausende
unter schrecklichen Qualen ermordet.

DRACULA
Ich wurde verraten! Seht, was euer Gott mir angetan
hat.

VAN HELSING
Dein Krieg gegen Gott ist vorbei − nun zahle für
deine Verbrechen.

Er schleudert Dracula Weihwasser ins Gesicht. Es brennt
ihn wie Säure; er brüllt vor Schmerz. Harker läuft zu Mina,
um sie zu schützen.

DRACULA
Meine Rache hat eben erst begonnen. Und sie, deine
Geliebte, ist jetzt mein Fleisch, mein Blut, mein eigen
− mein Weib!

Halbnahaufnahme
die Harker hervorstellt.

HARKER
Nein!

Harker stellt sich schützend vor Mina und schießt auf
Dracula.

Skizzen für die Erschaffung Draculas aus Ratten; die Ratten wurden für die Filmaufnahmen zu einer Skulptur zusammengeleimt.

Großaufnahme
Dracula blutet.

Nahaufnahme Van Helsing

VAN HELSING
    Überlasse sie Gott!

Draculas Gesicht brennt wie Feuer − er schreit in seinem
Schmerz. Er wirft einen letzten verlangenden Blick auf
Mina, verneigt sich und zieht sich in die dunklen Schatten
des Zimmers zurück. Man sieht nur seine roten Augen.

Das Bild wird schwarz.

VAN HELSING
    Licht! Gebt mir mehr Licht.

Eine Laterne wird gehoben, und in ihrem Licht zeigt sich
eine Gestalt, die aus Ratten besteht. Sie löst sich zu
einzelnen Ratten auf, die hinweghuschen, über die Männer
laufen und dann fluchtartig aus dem Fenster springen.

Auf das Fenster
Die Männer eilen zum Fenster und spähen hinaus.

Ihr P. O. V. − aus dem Fenster
Carfax brennt. Dracula ist verschwunden. Stille.

Halbtotale auf Mina
Die Kamera fährt näher heran; Mina bedeckt sich.
Blutspuren auf ihrem Gesicht.

MINA
(bricht zusammen)
    Unrein − unrein −

Überblendung: [Carfax — Nacht]
Kamerafahrt
an den brennenden Kisten entlang, man sieht die
verschüttete Erde, Rauchfetzen wehen. (Musik setzt ein:)
Die Kamera fährt langsam durch die brennenden Trümmer
und stößt auf Minas Fotoplatte — in Flammen.

VAN HELSINGS STIMME
Er ist uns vorläufig entronnen. Wir haben all seine
Zufluchtsplätze gefunden und zerstört — bis auf einen.
Unser Werk ist noch nicht vollbracht; es muß noch
eine Kiste geben, in der er jetzt ruht und in seine
Heimat zurückgebracht wird. Wir müssen sie finden;
dann mag alles gut werden. Wir haben etwas erfahren
— Trotz seiner herrischen Worte fürchtet er uns; er
fürchtet die Zeit, er fürchtet die Not! Denn wenn es
nicht so wäre, warum eilte er so?

VAN HELSINGS STIMME
Wo ist er jetzt, Mina? Wo ist dein dunkler Prinz?

MINAS STIMME
Er ist fort . . .

VAN HELSINGS STIMME
Woher weißt du das, mein Kind?

MINAS STIMME
Er . . . spricht zu mir.

VAN HELSINGS STIMME
Mina, in deren Adern sein Blut fließt und die den
Strom seiner Gedanken spürt, kann uns helfen. Sie
wird mit uns kommen — mitten in das Land unseres
Feindes, und durch das Mittel der Hypnose werden
wir durch sie die Spur des Feindes verfolgen können.

Mina Harkers Tagebuch

Hier unterbrach ihn Jonathan schroff: »Wollen Sie damit sagen, Professor Van Helsing, daß Sie Mina, in ihrem traurigen Fall und befallen von dieser teuflischen Krankheit, in seine Todesfalle bringen würden? Nicht um alles in der Welt! . . .«

»Bedenken Sie«, [erwiderte Van Helsing], »daß wir in einer ernsten Notlage sind. Wenn uns der Graf diesmal entkommt – und er ist stark und raffiniert und verschlagen – entschließt er sich vielleicht, ein Jahrhundert lang zu schlafen, und dann würde unsere Liebe . . .« – er ergriff meine Hand – »zu ihm kommen, um ihm Gesellschaft zu leisten, und sie würde wie eine der anderen sein, die Sie, Jonathan, sahen. Sie haben uns von ihren hämisch verzogenen Lippen erzählt; Sie hörten ihr liederliches Lachen . . . Sie erschauern, und das ist vielleicht gut. Verzeihen Sie mir, daß ich Ihnen soviel Schmerz zufüge, aber es muß sein.«

Überblendung zu: [Sewards Wohnung — Nacht]

Nah/von oben
Van Helsing kommt, eine Kerze haltend, ins Bild. Er sieht müde aus, die Anstrengungen haben ihn sichtlich altern lassen. Er schaut nach Mina.

Nahaufnahme Mina
Sie starrt ins Leere. Düster. Blaß. Ihr Zahnfleisch bildet sich zurück. Sie verändert sich. Mutiert. Die Kamera fährt zurück, und man sieht Van Helsing an ihrem Bett sitzen.

VAN HELSING
Er hat eine enge geistige Verbindung zu Ihnen. Sein Herz war stark genug, um den Tod zu überleben.

MINA
Sie... bewundern ihn.

Über Mina hinweg nah auf Van Helsing

VAN HELSING
Ja. Er war ein sehr bedeutender Mann, als er noch lebte. Sein Geist ist groß und mächtig, aber wichtiger ist es, ihn unschädlich zu machen und vollkommen zu zerstören.

Gegenschuß: Über Van Helsing hinweg auf Mina
Sie nickt, fest davon überzeugt.

MINA
Doktor — ich weiß, daß ich mich verändere — und ihm ähnlicher werde. Wenn ich an mir selbst ein Zeichen finde, daß ich einem meiner Lieben Schaden zufüge — werde ich sterben.

*Van Helsing
hypnotisiert Mina.*

VAN HELSING
Sie dürfen nicht sterben — Sie müssen geheilt werden,
damit er zerstört wird. Darum will ich Sie
hypnotisieren, Mina. Helfen Sie mir, ihn zu finden —
bevor es zu spät ist. Helfen Sie mir, Mina.

Er streichelt beschwörend ihre Hand, schwenkt die Kerze
langsam vor ihr hin und her — die Hypnose beginnt. Sie
starrt auf die Kerze — schwach — erschöpft.

Überblendung:
Doppelbild mit Dracula, der ihr seine Hände auf die
Schultern legt und sie streichelt; dann verblaßt das Bild.
Die Kamera fährt auf Minas Augen.

VAN HELSING
Schau diese Flamme an, dies Licht... Licht aller
Lichter... du wirst nun schlafen. Schlaf ein.

MINA
(träumerisch)
Ja. Ich muß zu ihm gehen. Er ruft mich.

VAN HELSING
Was hörst du, mein Kind?

Man hört verschiedene Geräusche: Wellenklatschen, rau-
schendes Wasser und knarrende Mastbäume.

Einblendung — stürmische See

MINA *(Off)*
Der weite Ozean...

VAN HELSING *(Off)*
Was siehst du?

*Überblendung: [Das Schiff Czarina Catherine —
Im Laderaum]*

*Kamerafahrt (Minas Gesicht wird in die Einstellung ein-
geblendet)*
von links nach rechts über die Frachtstücke, bis zu einer
Kiste, die im Schatten steht.

[Sewards Wohnung]

Doppelbelichtung — Draculas Gesicht

VAN HELSINGS STIMME
Wohin fährst du?

[Zug — Tag]
Fährt am Rande von Minas Gesicht entlang (eingeblendet).

MINAS STIMME
Ich treibe, ich fließe . . . heim, nur heim. Der Schlaf
hat keinen Ort, den er sein eigen nennen kann — ich
höre Männerstimmen, die eine fremde Sprache
sprechen . . . wildes, fallendes Wasser und das Heulen
von Wölfen. Ich bin starr . . . so starr . . . und es ist wie
der Tod.

Überblendung zu: [Separates Zugabteil — Tag]

Nah auf Mina
Tief in der Hypnosetrance. Sie lächelt ruhig, ernst.

MINA
Heim . . .

395

Die Kamera fährt zurück und man sieht, wie Van Helsing
ins Bild kommt und sanft ihre Lippe hochzieht, so daß
ihre größer werdenden Fangzähne erscheinen. Sie schläft.

Zweier-Einstellung − Van Helsing und Seward
Seward packt Transfusionsschläuche aus. Van Helsing
hindert ihn daran.

VAN HELSING
> Der Vampir hat sie mit seinem eigenen Blut getauft.
> Ihr Blut stirbt, mein Freund.

Zweier-Einstellung − Mina und Harker
Plötzlich klammert sie sich an Harker, sie kann kaum noch
atmen. Er hält sie fest und kämpft mit den Tränen.

HARKER
> Mina − ich werde dich nicht allein in das Unbekannte
> gehen lassen.

Zurück zu Van Helsing und Seward
Van Helsing gibt Seward ein Zeichen; sie gehen hinaus
und lassen Mina und Harker allein. Die Kamera fährt langsam näher.

MINA
> Mein armer Jonathan, was habe ich dir angetan?

HARKER
> Nein . . . nein . . . nein . . . Ich habe uns beiden das
> Unglück gebracht.

MINA
> Ich kann hören, wie die Wellen gegen sein Schiff
> schlagen. Ein rauher Wind bläst; er ruft mich zu sich.

Mina kämpft mit den Mächten, die ihre Seele zerreißen –
Harker kann die Tränen nicht länger zurückhalten. Mina
lächelt liebevoll und hebt die Hand, um ihm die Tränen
abzuwischen. Die Fahrtaufnahme endet nah auf Mina.
Ihre Hand fällt auf die Decke zurück. Sie wird immer
schwächer.

MINA
Mir ist so kalt . . . so . . . kalt.

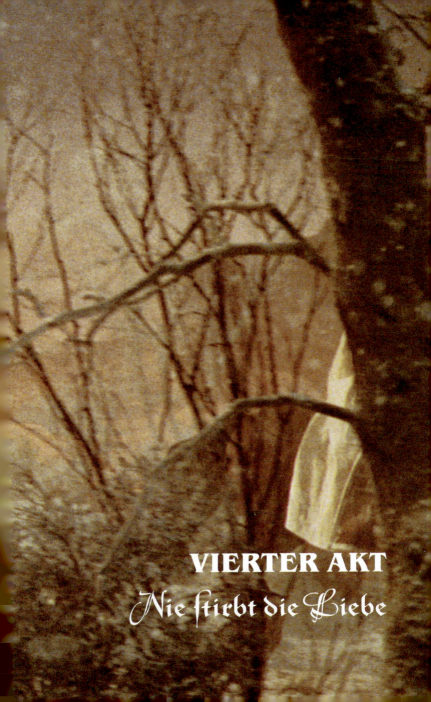

VIERTER AKT

Nie stirbt die Liebe

Transsilvanien, Oktober 1897

[Eisenbahnabteil — Nacht]

Einblendung:
Harkers Tagebuch

Harkers Stimme
28. Oktober. Wir haben die *Czarina Catherine* mit
ihrer Teufelsfracht überholt und sind im rumänischen
Hafen Varna gelandet. Wir sind mit Geld und mit
Pferden wohlversorgt, die uns Quincey und
Holmwood zur Verfügung gestellt haben.

Großaufnahme — eine Karte
Zugfahrpläne, eine Taschenuhr, eine Karte mit Bahnlinien.

Harkers Stimme
Mina wird immer schwächer. Sie lebt in seinen
Gedanken und führt uns zu ihm. Wir haben ein
Abkommen mit den Behörden getroffen: sobald der
Graf im Lande gesehen wird, schickt man einen Boten
zu uns. Zum Glück kann man mit Bestechung in
diesem Lande alles erreichen.

Blick auf Mina
Sie schläft. Van Helsing sitzt bei ihr.

Harkers Stimme
Ich fürchte dieses Ungeheuer nicht mehr. Ich werde
der erste sein, der sein Schiff betritt, um die Kiste zu
finden. Ich bete zu Gott, daß er mir Kraft gibt, denn
mein Arm muß den ersten Schlag führen.

Eine strategische Besprechung der Vampirjäger.

Zeichnerische Entwürfe für die Bahnanlagen, auf der sich die Vampirjäger treffen.

Totale
Holmwood — für die Jagd gerüstet und mit einem Pelzmantel angetan — eilt mit einem Telegramm herein; er sieht verzweifelt aus.

HARKERS STIMME
    Mittag. Holmwood hat ein Kabel von seinem Angestellten bei Lloyds erhalten. Das Schiff des Grafen ist im Schutze der nebligen Nacht an uns vorbei zu der nördlichen Hafenstadt Galatz gesegelt. Er wußte, daß wir hier auf ihn gewartet haben.

Die Kamera stößt auf Van Helsing und Holmwood zu.

Harker, Seward und Quincey
Sie sehen sich zutiefst erschrocken an.

VAN HELSING
Dieser Teufel liest in Minas Gedanken. Er weiß über
jede Bewegung von uns Bescheid.

Totale
Harker schüttelt seine Enttäuschung ab und handelt: er
nimmt sich die Karte auf dem Tisch vor und bezeichnet
Draculas Position und ihre eigene.

Überblendung zu: [Rangiergleis — Tag]

Aufnahme durch Kameramaske
Die Männer entladen die Pferde aus einem Güterwagen.

VAN HELSINGS STIMME
Von Galatz wird er viele Tage bis zu seinem Schloß
brauchen. Die anderen werden zu Pferde eine nördliche Route nehmen und versuchen, ihm am Gebirgs-
paß den Weg abzuschneiden.

Holmwood kommt ins Bild; er und Van Helsing umarmen
einander feierlich, verschworen. Alle schweigen.

VAN HELSINGS STIMME *(fährt fort)*
Er darf sein Schloß nicht erreichen — je näher er ihm
kommt, um so mehr gewinnt er an Macht. Ich werde
mit Mina den direkten Weg zum Schloß nehmen — es
ist nur ein paar Tagesreisen von hier. Wenn die anderen ihn nicht aufhalten, so werden Madam Mina und
ich zur Stelle sein und ihn erwarten.

Dr. Sewards Tagebuch

»Jonathan«, sagte sie, und es klang wie Musik und war so
voller Liebe und Zärtlichkeit. »Jonathan, Liebling, und ihr
alle, meine wahren, wahren Freunde, ich möchte, daß ihr
etwas während all dieser schrecklichen Zeit in Erinnerung
behaltet. Ich weiß, daß ihr kämpfen müßt — daß ihr vernichten müßt, auch wenn ihr die falsche Lucy vernichtet, so
daß die wahre Lucy künftig weiterlebt, aber es ist kein Werk
des Hasses. Diese arme Seele, die all diese Qualen herbeige-
führt hat, ist der traurigste Fall von allen. Denkt daran, wie
er sich freuen wird, wenn er ebenfalls in seinem schlim-
meren Teil vernichtet wird und sein besserer Teil vielleicht
geistige Unsterblichkeit haben wird. Ihr müßt auch Mitleid
mit ihm haben, doch das darf euch nicht von seiner Ver-
nichtung abhalten.«

Nah auf die Hände der Männer
Sie treten zurück und man sieht Mina auf sie zukommen.
Unter ihrem geistesabwesenden Lächeln kann man einen
verstohlenen Triumph erkennen. Die Kamera fährt zurück,
als Quincey Mina einen Gewehrhalter aus Seehundsfell mit
einer gutgeölten Winchester übergibt.

Einblendung — Außenaufnahme von Schloß Dracula

Überblendung: [Straße von Borgo — Tag]

Aufsicht/total
Heftiger Wind. Auf der einen Seite Draculas geliebte,
schneebedeckte Berggipfel, auf der anderen Seite der
Abgrund. Die Kutsche, in der Mina und Van Helsing
sitzen, bewegt sich am unteren Bildrand auf den
Betrachter zu: sie wirkt winzig.
(Anmerkung: von jetzt an wird es immer kälter.)

Über die Pferde hinweg
Die Kamera fährt langsam auf Van Helsing und Mina in
der Kutsche zu; beide tragen schwere Pelzmäntel. Die
Pferde sind erschöpft. Der alte Mann ist dem Zusammen-
bruch nahe. Mina sitzt zurückgelehnt, sie ist fast bewußtlos.
Plötzlich erwacht sie, lebhaft, voller Erwartung wie ein
Kind —

Minas P. O. V. — bewegte Aufnahme
Sie fahren um eine scharfe Kurve. Das Schloß erscheint —
es thront auf den Felsen. Ein Wächter der Ewigkeit. An
der Wegbiegung steht der Schrein mit dem wolfshäuptigen
Antichrist.

Van Helsing und Mina auf der Reise nach Schloß Dracula.

Dr. Sewards Tagebuch

Hier fügte Quincey Morris hinzu: »Soviel ich weiß, kommt der Graf aus einem Wolf-Land, und vielleicht gelangt er vor uns dorthin. Ich schlage vor, daß wir zu unserer Bewaffnung Winchester-Gewehre hinzufügen. Ich glaube an Winchesters, wenn es Probleme dieser Art gibt. Erinnerst du dich, Art, wie in Trobolsk das Rudel hinter uns her war? Was hätten wir da für ein Repetiergewehr pro Person gegeben?«

[Kutsche]

Zweier-Einstellung/bewegte Aufnahme
Der Wind bläst stärker. (Musikeinsatz.)

MINA
   Ich kenne diesen Ort —

Sie starrt erregt auf den Schrein.

VAN HELSING
   Das Ende der Welt . . .

MINA
   Wir müssen weiter.

Van Helsing beobachtet besorgt Minas Erregtheit.

VAN HELSING
   Es ist schon spät, mein Kind. Lassen Sie uns hier
   übernachten.

MINA
   Nein — ich muß weiter! Bitte lassen Sie mich gehen
   — ich muß zu ihm! Er braucht mich —

Sie will aussteigen. Er hält sie sanft zurück und nimmt ihre
Hand. Um sie herum heult der Wind. Van Helsing horcht,
er spürt, daß sie nicht allein sind; man hört den leisen
Wiederhall hellen Lachens. Widerwillig setzt er die Fahrt
fort.

Totale/180-Grad Schwenk
Die Kutsche fährt auf das Schloß zu.

Mina Harkers Tagebuch

Professor Van Helsing und ich fahren mit dem Elf-Uhr-Vierzig-Zug nach Veresti, wo wir eine Kutsche für die Fahrt zum Borgo Paß haben müssen. Wir nehmen eine gute Summe Geld mit, weil wir eine Kutsche und Pferde kaufen müssen. Wir werden selbst fahren, weil wir keinem in dieser Sache vertrauen können. Der Professor kennt sich in vielen Sprachen aus, und so werden wir zurechtkommen. Wir haben alle Waffen bekommen, sogar ich . . . Der liebe Dr. Van Helsing tröstet mich, indem er mir sagt, daß ich voll bewaffnet bin für den Fall, daß dort vielleicht Wölfe sind; Das Wetter wird kälter mit jeder Stunde, und Schneeflocken fallen als Warnung.

Schloß Dracula in der Ferne; Produktionszeichnung

[*Straße von Borgo – Tag*]

Die Jäger folgen der Fährte.

HARKERS STIMME
 Wir haben jetzt Bistritza passiert. In Veresti erfuhren wir, daß Draculas Zigeunersklaven seine Kiste übernommen haben und sich bereits auf der Straße zum Borgopaß befinden. Wir sind über einen Tagesritt vom Schloß entfernt, liegen Stunden hinter dem Grafen zurück. Die Toten reisen schnell, daher müssen wir nun die Nacht durchreiten.

Einblendung: Eine Landkarte der Region

[Zigeunerwagen – Fahrt – Tag]

Halbnah voraus – vier Pferde
Ihre Köpfe rasen auf die Kamera zu, die vor ihnen herfährt. Die Kamera schwenkt jäh nach oben, und man sieht auf den Wagen, der von zwei Szgany-Zigeunern gelenkt wird. Die Kamera schwenkt noch weiter hoch und zeigt eine einzelne Kiste, die auf dem Wagen festgebunden ist; fünf weitere Zigeuner folgen zu Pferde. Die Kamera fährt langsam ins Innere der Kiste.

Zeichnung des Zigeunerwagens, der mit Dracula zurück zum Schloß jagt.

[Draculas Kiste — Tag]

Dracula liegt in der Erde
Ein Teil seines Körpers liegt frei; die Kamera bewegt sich auf sein Gesicht zu, das halb von der rüttelnden Erde bedeckt wird. Sein Antlitz ist wieder gealtert.

DRACULAS STIMME
    Mina... du bist nah.

Das Vampirblut in ihr wird immer stärker – Mina. »Am Ende des Films«, so Coppola, »wenn ihre sexuelle Ausstrahlung immer intensiver wird, soll sie Lucy übertreffen.«

Überblendung zu: [Schloß — Felsvorsprung — Nacht]

Masteraufnahme — nah auf das Feuer
(Musik: Trommeln, Windgeräusche.) Durch die Flammen
sieht man Van Helsing, der Holz auf das Feuer wirft.
Kameraschwenk mit ihm zu einer Zweier-Einstellung mit
Mina. Sie hockt auf einem Lager, das aus den Pelzen
bereitet ist; sie ist hellwach — durch die Nacht erregt.
Van Helsing bringt ihr eine Schüssel mit Essen.

VAN HELSING
Sie müssen etwas essen, mein Kind.

MINA
(schlägt ihm die Schüssel aus der Hand)
Ich bin nicht hungrig!

Die Kamera fährt zur Seite, und man sieht Flammen im
Vordergrund; dann durch die Flammen zu Mina. Ihre
Augen funkeln. Van Helsing beobachtet sie mißtrauisch.
Sie wiegt sich hin und her, während die Kamera immer
näher an sie heranrückt. Sie singt in Draculas Mutter-
sprache, flüstert Worte mit seltsamen, gutturalen Lauten.

Nahaufnahme Van Helsing
Ihr Anblick jagt ihm einen Angstschauer über den Rücken.

Nahaufnahme Mina

Im Off hört man leises Gelächter der Bräute (während der
folgenden Szene werden ihre Gesichter kurz eingeblendet).
Die Pferde wiehern vor Furcht. Mina erwidert den Ruf,
aufgeregt, besessen. Sie läßt ein frivoles Lachen hören,
hüpft in der Hocke hin und her — ihr Verhalten gemahnt
an ein wildes Tier, einen Wolf. Sie blickt Van Helsing an;
ihr Pelzumhang ist aufgeschlagen und läßt ihre Brustwarze

Mina lockt Van Helsing.

sehen; in schamloser Weise läßt sie ihn offen. Langsam kommt sie auf Van Helsing zu, lockend, hemmungslos.

MINA
   Sie sind so gut zu mir, Professor. Ich weiß, daß Lucy ein geheimes Verlangen nach Ihnen hegte. Sie hat es mir gestanden. Auch ich weiß, wonach Männer sich sehnen.

Zurück auf Van Helsing
Er ist erregt, seine Standhaftigkeit schmilzt dahin, während sie näherkommt, bis in eine Zweier-Einstellung *(nah)*. Die Kamera schwenkt mit, als er sich hinunterbeugt... und ihre Brustwarze küßt. Ihre Augen leuchten, sie preßt ihn fester gegen ihre Brust und weckt seine Lust. Als er sich ganz hingibt, hilflos vor ihr kniet, leuchten Minas Augen plötzlich rot auf.

MINA
> Wirst du meinen Kopf abhacken und einen Pfahl durch mein Herz jagen, so wie du es mit Lucy gemacht hast, du mörderischer Bastard?!

Mit einem kräftigen Ruck reißt sie seinen Kopf zurück und entblößt seinen Hals. Sie öffnet den Mund, zeigt ihre frisch gewachsenen Zähne, die sich in Erwartung des Bisses aufgerichtet haben. Van Helsing erbleicht, er bemüht sich, ihrem Griff zu entkommen.

Im Off hört man wieder das Lachen der Bräute.

DIE JÜNGSTE BRAUT *(Off)*
(rumänisch)
> Schwester... nimm du ihn zuerst. Aber laß noch etwas Süßes für uns übrig, Schwester...

VAN HELSING
> Bei meinem Leben nicht! Ich habe geschworen, Sie zu beschützen!

Nahaufnahme Van Helsing
Er versucht, sich von Mina loszumachen — sie läßt sich nicht abschütteln. Mit der freien Hand zieht er eine Büchse aus seiner Tasche und holt eine Hostie heraus.

Van Helsing versucht, Mina zu beruhigen.

Über Van Helsing hinweg auf Mina
Van Helsing kommt ins Bild und preßt die Hostie auf ihre Stirn. Ihre Haut verbrennt bei der Berührung. Mina schreit auf und fällt auf den Rücken — ihre Zähne bilden sich zurück. Ein scharlachrotes Mal ist auf ihrer Stirn eingebrannt.

MINA
    Ich gehöre ihm —!

Sie liegt ausgestreckt auf dem gefrorenen Boden, von einem Weinkrampf geschüttelt. Van Helsing kniet neben ihr, seine müden Glieder versagen ihm den Dienst. Er packt einen Stock aus dem Feuer und zieht schnell einen Flammenkreis um sich und Mina. Dann besprengt er den Boden mit Weihwasser.

VAN HELSING
Ich habe Lucy verloren. Ich werde dich nicht auch noch an ihn verlieren. In dem Kreis bist du sicher!

MINA
Sie haben Angst um mich – wozu? Niemand auf der ganzen Welt ist sicherer vor ihnen als ich. Ich bin wie sie.

Die Kamera fährt zurück und man sieht die beiden auf dem Boden im Inneren des Kreises sitzen.

DIE JÜNGSTE BRAUT (Off)
(rumänisch)
Sie ist unsere Schwester!

Van Helsing schwenkt den brennenden Ast hin und her.

VAN HELSING
Huren des Satans! Weichet von uns! Dies ist heiliger Boden!

Sie kommen näher, verhöhnen ihn. Dann sieht man ihre jagenden Schatten und die Schatten der Pferde, als die Bräute die Pferde töten und ihr Blut saugen.

Van Helsings zornige Rufe werden schwächer, während der Feuerring in die Morgensonne überblendet, die das Bild ausfüllt.

DER VISIONÄRE DOKTOR VAN HELSING

Die Produzenten von *Dracula* hatten das Glück, den britischen Star Anthony Hopkins, der für seine schauspielerische Leistung in *Das Schweigen der Lämmer* den Oscar erhalten hatte, für die Rolle des Dr. Abraham Van Helsing verpflichten zu können. »Ich wollte einfach mit Francis zusammenarbeiten«, gibt Hopkins zu. »Ich sagte zu, bevor ich das Drehbuch las.«

Bram Stoker schuf Van Helsing als Draculas Nemesis und Gegensatz. Coppola drängte Hopkins, die Gestalt in ausdrucksvollerer Weise darzustellen, als sie für gewöhnlich erscheint.

»Auf der anderen Seite von Dracula ist Van Helsing, der ebenfalls etwas dämonisch ist«, stellt der Regisseur fest. »Ich wollte, daß Hopkins diese wundervolle Verrücktheit etwas unheimlicher und wahnsinniger spielt als den freundlichen holländischen Doktor —

um Stokers Romangestalt lebendiger zu machen.«

Hopkins wurde in Wales geboren und richtete im Alter von 18 Jahren sein Augenmerk auf das Schauspielen. Nach Schulausbildung und Wehrdienst wurde er von der ›Royal Academy of Dramatic Art‹ aufgenommen.

Ein paar Jahre Repertoire-Theater in der Provinz folgten, und dann wurde er zum Vorsprechen von Sir Laurence Olivier und dem National Theatre eingeladen, wo er viele klassische Rollen spielte.

Hopkins gab sein Filmdebüt als Richard Löwenherz in Peter O'Tooles *The Lion in the Winter*, und seither teilt er seine Zeit zwischen Theater, Film und Fernsehen in England und den USA. Zu seinen Hauptrollen zählen die TV-Serie *QB VII*, Captain Bligh in der Neuverfilmung von *The Bounty* und die Broadway-Produktion von *Equus*.

In London ist er auf der Bühne in *M. Butterfly* und in vielen Shakespeare-Stücken aufgetreten. Zu weiteren Filmen zählen *The Elephant Man*, *A Bridge Too Far* und in jüngster Zeit die Merchant-Ivory-Produktion von *Howard's End*. Seine Fernseharbeit hat ihm zwei Emmys für den besten Schauspieler eingebracht, und er wurde 1987 von Königin Elizabeht mit dem britischen Verdienstorden ausgezeichnet.

Über Van Helsing sagt der Schauspieler: »Ich denke, er war unten in den Tiefen. Er hat alles getan und das Gesicht von Terror und Tod gesehen, und er kommt aus der anderen Seite heraus; er kennt die Natur des Bösen.« Hopkins fügt trocken hinzu: »Ich bin mir der anderen Seite meines Ichs wohl bewußt, auf die ich mich stützen kann. Schließlich habe ich schon ein paar seltsame Kreaturen gespielt.«

Van Helsing vertreibt die Bräute.

[Schloßfelsen — Sonnenaufgang]

Schloßtor
Van Helsing kommt erschöpft heraus, sein langer Pelzmantel ist blutverschmiert und verfilzt. Seine Augen liegen tief in den Höhlen, ihr Ausdruck ist ein völlig anderer geworden. Langsam hebt er die abgehackten blutigen Köpfe der Bräute in die Höhe!

Auf Van Helsing
Er schleudert die Köpfe von sich. Sein Schrei klingt urmenschlich, triumphierend.

Die Köpfe fallen (Aufnahme durch Kameramaske)
tief unten in den Fluß.

Einblendung — Außenaufnahme von Schloß Dracula

[Straße von Borgo — Sonnenuntergang]

Draculas Kiste
Dracula hört Van Helsings triumphierende Schreie.

Nahaufnahme der Pferde
vor dem Zigeunerwagen. Dann zu einer Nahaufnahme der Pferdehufe.

Van Helsing mit den abgehackten Köpfen der Bräute.

Vom Schloßfelsen aus beobachten Mina und Van Helsing die Jagd auf Dracula.

[Schloßfelsen — Sonnenuntergang]

Halbnah auf Mina
Sie steht auf einem Felsvorsprung und blickt in die Ferne. Van Helsing erscheint im Hintergrund. Er taumelt auf sie zu, kann sich kaum noch auf den Beinen halten.

MINA
    Er kommt!

VAN HELSING
    Sie versuchen, es noch vor Sonnenuntergang zu
    schaffen. Vielleicht kommen wir zu spät — möge Gott
    uns helfen.

Mina ist aufgeregt, sie atmet in heftigen Stößen. Im Off
heulen Wölfe. Van Helsing schaut durch sein Fernglas.

[Straße von Borgo — Sonnenuntergang]

Totale
Der Zigeunerwagen fährt auf die Kamera zu. Im Hintergrund werden vier Reiter sichtbar, die schnell näher rücken
— Quincey, der einen anfeuernden Schrei ausstößt, und
Seward, der seinen Säbel gezogen hat; Holmwood und
Harker sind dicht hinter ihnen. (Anmerkung: alle Einstellungen in dieser Sequenz sind bewegte Aufnahmen,
während der Wagen und die Pferde dem Schloß immer
näher kommen.)

[Schloßfelsen — Sonnenuntergang]

Van Helsing und Mina
beobachten das Geschehen unten im Tal.

VAN HELSING
    Madam Mina, sehen Sie nur! Zwei Reiter sind ihnen
    dicht auf den Fersen! Ha! Das müssen Quincey und
    Jack sein!

Er gibt ihr das Fernglas. Sie schaut hindurch.

DIE INSZENIERUNG DER JAGD AUF EINER TONBÜHNE

Eine der Szenen, deren Verfilmung zu den größten Herausforderungen zählte, war die Sequenz, in der die Vampir-Killer Dracula zu Pferde durch die transsilvanischen Berge zu seinem Schloß verfolgen.
 Der Borgo Paß nahm die ganze Bühne 15 ein, die so groß wie ein Fußballplatz und die größte in Hollywood ist.

Die Jagd mußte auf einer mehr oder weniger ovalen Fläche stattfinden. Erhellt von Blitzen, überschüttet von fallendem »Schnee« und umtost von Wind, rasten Schauspieler, Pferde und Wagen über die ovale Fläche, so schnell sie konnten. Die auftreibende Szene wurde von Stunt-Koordinator Billy Burton geleitet, und 35 Pferde und 15 Stuntmen wurden eingesetzt.

Bühnenbildner Tom Sanders: »Wir legten Steine an ein Ende der Bühne, um die Straße zu erhöhen, damit es aussah, es gehe durch die Berge, und das andere Ende der Bühne gestalteten wir eben mit vielen Bäumen, mehr wie eine flache Landschaft. Durch die Art der Aufnahmen und des Schnitts kann es aussehen wie eine endlos lange Straße, denn die Bäume wurden verändert und verschoben, um unterschiedliche Hintergründe zu geben.

Wenn sie sich dem Schloß nähern, sieht man riesige Felsbrocken und Haufen von Felstrümmern herumliegen. Die Idee war, daß Dracula die umliegenden Berge zerstört hat, die Landschaft ebenso wie die Menschen. Sie werden das in langen Einstellungen auf das Modell des Schlosses sehen. Und der Fluß ist verschüttet von den Steintrümmern.

»Die Jahreszeit ist Winter. Die Jungs, die für die Tricks zuständig sind, hoben eine Schneemaschine mit einem Kran an und ließen den Schnee herunterrieseln, daß er auf allem haftete, wie es bei richtigem Schnee der Fall ist. Dann benutzten wir eine andere Variation von Schnee, wie geschälte Plastikchips, die während der Szene herumgeblasen werden. Es sieht großartig aus — ein wahres Schneegestöber.

Neben all den Pferden hatten sie während dieser Szene echte Wölfe auf der Bühne. Da mußten alle Schauspieler völlig still verharren, denn jede Bewegung erschreckt sie.«

[Straße von Borgo — Sonnenuntergang]

Totale
Die Reiter folgen dem Wagen.

Nahaufnahme von Quincey
Er feuert einige Schüsse in schneller Folge ab, im Indianer-
stil.

Großaufnahme
Ein Szgany-Zigeuner fällt.

Auf Draculas Kiste
im Vordergrund, der Kampf geht im Hintergrund weiter.
Man sieht den Rand der Sonne. Die Kamera fährt ins
Innere der Kiste.

Einblendung — die Sonne versinkt am Horizont

[Draculas Kiste]

Dracula, in der Erde liegend
Er verändert seine Lage, bewegt Kopf und Hände. Die
Nacht erweckt den Krieger wieder zum Leben. Seine aus-
getrockneten Lippen bilden einen Namen: ›Mina‹.

[Schloßfelsen — Sonnenuntergang]

Halbnah auf Mina
Sie wendet sich der Kamera zu, und die Kamera fährt
näher zu einer Nahaufnahme; Mina hat Draculas Ruf ver-
nommen.

Der Kampf zwischen den Zigeunern und den Verfolgern beginnt.

[Straße von Borgo — Sonnenuntergang]

Der rasende Kampf geht weiter.

Halbtotale
Mina dreht sich um und fängt an, über die Felsen zum
Schloß hinaufzusteigen. Sie wirft die Hände gen Himmel
und ruft eine Beschwörung an den Wind. Der Himmel
verdunkelt sich.

Einblendung — aufziehende Sturmwolken

VAN HELSING
    Madam Mina! Warten Sie!

Er folgt ihr.

[Draculas Kiste]

Eine Welle der Macht durchströmt Dracula. Auf seinem
Gesicht breitet sich ein triumphierendes Lächeln aus.

[Straße von Borgo — Sonnenuntergang]

Totale
Die Jagd nähert sich dem Schloß. Ein stürmischer Wind-
stoß bläst Harkers Pferd über den Haufen.

Harker fällt hart zu Boden
Quincey reitet einen Kreis und zieht ihn zu sich aufs Pferd.
Zusammen nehmen sie die Verfolgung wieder auf.

Blick auf die Sonne
Die letzten Strahlen der Sonne. Es ist sehr kalt; Schnee
fällt in dichten Flocken. Musik setzt ein.

Einstellung von der Seite
auf Quincey und Harker, die den Wagen einholen. Harker
springt auf den Wagen. Quincey bleibt auf dem Pferd,
dicht hinter ihm —

Untersicht
Der Fahrer schlägt mit seiner Peitsche nach Harker.
Holmwood erwischt ihn mit einem Schuß in den Rücken.
Der Fahrer fällt vom Wagen.

[Torweg/Schloßeinfahrt — Sonnenuntergang]

Kamera auf dem Wagen
hinter Harker und der Kiste. Der Wagen fährt in den Torweg ein, rast an Mina und Van Helsing vorbei und kommt
mit kreischenden Bremsen im Schloßhof zum Stehen.
Blick in den Torweg
Quincey, Seward und Holmwood reiten durch den Torweg
und schießen auf die beiden Szganys, die noch am Leben
sind. Einer fällt.

[Schloßhof]

Auf Holmwood
am Eingang des Torweges; mit gezielten Schüssen holt er
die Zigeuner herunter, die hinter den verfallenden Mauern
auftauchen.

Seward durchbohrt einen Zigeuner,
um Mina und Van Helsing zu schützen.

Harker, auf dem Wagen stehend
Er schlägt auf die Seile ein, mit denen die Kiste auf dem
Wagen festgebunden ist. Ein Zigeuner springt ihn an und
sie kämpfen auf dem Wagen miteinander. Wölfe greifen
an.

Auf Quincey
Er will auf den Wagen springen, um Harker zu befreien,
aber ein Zigeuner fällt ihm in den Rücken. Quincey fällt
herunter und kämpft mit bloßen Händen gegen ihn —
blutüberströmt.

Auf dem Wagen
Harker schwingt seinen Kukridolch und tötet den Zigeuner.

Mina und Van Helsing
Mina rennt voller Entsetzen auf die Kamera zu.
Van Helsing versucht sie zurückzuhalten. Um sie herum
heulen die Wölfe.

Blick auf ihre Schatten
die länger werden, als die Sonne untergeht, ihre letzten
Strahlen treffen auf die Borgo-Straße.

Draculas Kiste
Sie bewegt sich — dann fliegt der Deckel auf und kracht
gegen Harker. Dracula fährt brüllend wie ein Tier hoch
und packt Harker an der Kehle.

Gegenschuß auf Harker
Er schwingt seinen Dolch und stößt ihn Dracula in den
Hals.

Auf dem Boden
Dunkelrote Blutstropfen im weißen Schnee. (Musikeinsatz)

Halbnah auf Mina
Sie stößt entsetzte Schreie aus.

Quincey springt und treibt sein Bowiemesser tief in
Draculas Herz. Dracula brüllt, schleudert Quincey in den
Schnee. (Musikeinsatz: christlicher Chorgesang.)

Dracula im Schnee
Er krümmt sich, krallt sich an das Messer. Ein großes Tier,
das tödlich verwundet ist. Er steht aufrecht, blickt seine
Angreifer an; Blut strömt aus dem verwundeten Hals −
das Bowiemesser steckt tief in seiner Brust.

Auf Mina
Sie läuft an Draculas Seite, richtet ihre Winchester in einer
wilden Bewegung auf Harker − dann auf Seward − auf
Holmwood −

Blick auf die Männer
entsetzt über ihr Tun.

HARKER
(erschrocken)
    Mina!

Mina und Dracula
Dracula wendet sich ihr zu. Sein Gesicht ist auf scheußliche Weise verzerrt.

DRACULA
(zärtlich, liebevoll)
    Mina . . .?

Sie hält seinem sterbenden Blick stand. Er dreht sich um
und schleppt sich zur Kapelle hin. Mina deckt seinen
Rückzug, das Gewehr auf die Männer gerichtet.

MINA
   Wenn meine Zeit gekommen ist — werdet ihr mir dann dasselbe antun? Werdet ihr es tun?

Über Mina hinweg auf die Männer
Holmwood schaut sie an, das Gewehr zielt auf ihn. Harker, der sie liebt, fängt an zu verstehen. Holmwood versucht, sich auf sie zu stürzen. Harker hält ihn zurück.

HARKER
Nein, laß sie gehen. Unsere Arbeit hier ist getan . . .
Ihre hat erst begonnen.

Nahaufnahme Van Helsing
Er nickt zustimmend. Harker hat aus seinem Alptraum
gelernt.

Nahaufnahme von Mina
Sie zielt genau auf Harker

Über Mina hinweg auf Harker
Sie schießt! Die Kamera fährt zurück, und man sieht einen
Wolf, der sich von der Mauer auf Harker stürzen wollte,
tot zu Boden fallen.

Zurück auf Mina und Dracula
Mina geht rückwärts hinter Dracula ins Schloß, und hält
dabei das Gewehr unverwandt auf die Männer gerichtet.

[Kapellentür — Sonnenuntergang]

Halbtotale
Harker wartet nervös an der Tür. Homwood geht auf und
ab und schlägt ohnmächtig mit der Faust gegen die Tür.
Van Helsing hält die Hand hoch und bedeutet ihnen, ruhig
zu sein.

Seward hält Quincey im Arm
Er stirbt . . .

Auf Van Helsing
Er läßt sein Gewehr fallen und wendet sich der Kapelle
zu. Er senkt den Kopf zu einem inbrünstigen Gebet.

Kostümbildner Eiko Ishioka:

Bei der Darstellung der 90er Jahre des vorigen Jahrhunderts mußten wir auch zeigen, daß es sich um eine Epoche handelt, in der Männer ziemlich ›macho‹ waren. Und Transsilvanien war ein Land mit einem eisigen Klima. So waren unsere ›Fünf Samurai‹ entsprechend gekleidet. Der vornehme Holmwood trug einen Pelzmantel. Der junge Angestellte Harker einen langen Ledermantel. Der asketische Dr. Seward einen grauen Stoffmantel. Der reiche Texaner Quincey trug einen ledernen Cowboymantel. Und der tiefsinnige Wissenschaftler Van Helsing war in einen eleganten Umhang gekleidet. Mina ist die Reinkarnation einer Prinzessin aus dem 15. Jahrhundert, daher trägt sie in der letzten Szene einen Umhang, der stark an Gewänder der Renaissancezeit erinnert.

VAN HELSING
　　Gib ihm Deinen Frieden. Laß seine Seele ruhen . . .
　　Wir sind alle zu Wahnsinnigen im Namen Gottes
　　geworden.

[Schloßkapelle – Sonnenuntergang]

Totale
Mina und Dracula auf den Stufen des Altars. Tief in
 seinen Augen leuchtet immer noch ein kraftvoller Lebens-
funke. Die Kamera fährt nah an die beiden heran.

DRACULA
　　Wo ist mein Gott? Er hat mich verlassen.

WIE SPIELT MAN JEMANDEN, DER NICHT EXISTIERT?

Francis Coppola sagt: »Ich hatte mir die Aufgabe gestellt, jemanden für die Rolle des Dracula zu finden, der jung und ein großer Schauspieler ist und Leidenschaft ausdrücken kann.« Er fand den Hauptdarsteller in Gary Oldman.

Winona Ryder, die Tests mit Oldman machte, erinnert sich: »Er hatte

bereits eine echte Vor-
stellung von der Gestalt.
Er war erstaunlich.«

Koproduzentin Susie
Landau erinnert sich
ebenfalls an die Probe-
aufnahmen: »Als wir
Garys Probeaufnahmen
sahen, lief es uns kalt
über den Rücken. Er war
einzigartig und wirkte
echt und lebendig. Er
zeigte eine gewaltige
Müdigkeit wie keiner der
anderen Schauspieler, die
für die Rolle vorspra-
chen. Dracula ist seit
400 Jahren hier. Er ist
völlig isoliert und
einsam, und Gary spielte
das überzeugend.«

Gary Oldman, geboren
1958 in London, hatte
seine erste Begegnung
mit Dracula im Alter von
fünf Jahren, als er sich
für ein Kostümfest als
Vampir maskierte. Die
ernste Schauspieler-
karriere begann in der
Schauspielschule und an
kleineren Theatern.
Später trat er auf der
Londoner Bühne im
Royal Court Theatre auf.
Er spielte die Rolle des
Corman in *Serious Money*
und erhielt 1985 für
seine Leistung in *The
Pope's Wedding* den

British Theatre
Association's Drama
Magazine Award. Der
Preis wurde in diesem
Jahr geteilt — zum
ersten Mal in seiner
Geschichte — mit
Anthony Hopkins.

Oldman hat auch mit
der Royal Shakespeare
Company und in
britischen Fernseh-
schauspielen gespielt. Zu
seinen Rollen zählen der
Punkrocker Sid Vicious in
Sid and Nancy, Drama-
tiker Joe Oston in *Prick
Up Your Ears* und in
jüngster Zeit
Lee Harvey Oswald in
John F. Kennedy.

Oldman, der für seine
intensive Vorbereitung
auf Rollen bekannt ist,
erforschte Dracula in
zahlreichen Büchern.
Aber die Kenntnisse über
Vampire gewann er
hauptsächlich aus Anne
Rices *Interview with the
Vampire*. Der Roman gab
ihm das Gefühl, daß
Vampire existieren,
jedoch nicht glücklich
über ihre Unsterblichkeit
sind. »Vampire sind
faszinierend. Sie sind
egoistische, zerstöre-
rische Kreaturen, die
halb verachten, was sie

tun, aber nicht vermeiden können, es zu machen.«

Oldman sah seine Rolle als gefallener Engel, als eine gepeinigte Seele. »Ich spiele ihn nicht als durch und durch böse. Es ist eine köstliche Mischung, weil man weiß, daß er wie der Teufel ist. Aber ich habe versucht, das Gute und Böse nebeneinander zu zeigen – darin ist eine gewisse Dynamik.

Das Filmbild, von dem ich nicht loskommen kann, ist Bela Lugosi. Er war wirklich sehenswert: die Art, wie er sich bewegte, der Klang seiner Stimme. Ich orientierte mich ein wenig an seiner Stimme.«

Stimmliche Vorbereitung war nur eines von dem, was Oldman für Dracula üben mußte. Er arbeitete mit einem Sprachlehrer, um seinen Sprechton um fast eine Oktave zu senken. Er hatte auch einen Lehrer für seinen Akzent und einen rumänischen Lehrer, um Szenen in dieser Sprache zu lernen. Er lernte Tänze und Fechtkunst und ver-

brachte Stunden mit Kostümanproben und auf dem Schminkstuhl.

Obwohl die Proben wochenlang weitergingen, widerstand Oldman der Versuchung, die Rolle einfach »abzuhaken«. Er ließ nicht in der Intensität nach. »Ich denke, wenn man im Grunde genommen ein Hauptdarsteller ist, muß man die Truppe um sich sammeln«, sagt er. »Man muß ein Gefühl für das bekommen, was man tut und was die anderen Schauspieler machen werden. Die einzige Möglichkeit, wie ich in dieser Rolle hineinwachsen konnte, bestand darin, sich für sie zu begeistern. Für die Szenen, in denen ich heulte oder schrie, mußte ich mich wirklich körperlich vorbereiten.«

Als er sich ganz in die Rolle hineinversetzte, fanden andere Mitglieder der Besetzung ihn manchmal unheimlich, besonders während einer improvisierten Übung, die von Coppola vorgeschlagen wurde. In der Szene, in der Dracula als Fledermauskreatur den

Vampir-Killern gegenübertritt, hatte Oldman Probleme. Er fühlte sich in dem Kostüm wie in einer Falle. Wie konnte er seine übernatürliche Macht über sie spüren?

»Francis fand, daß sie nicht erschreckt genug aussahen. So ließ er der Besetzung die Augen verbinden und ließ mich zu ihnen gehen und jedem ins Ohr flüstern – etwas Schreckliches und Persönliches und Furchteinflößendes.« Oldman befolgte die Regieanweisung mit Genuß, und seine Schauspielerkollegen schauderte es.

Doch die andere Seite von Dracula war nie fern. Drehbuchautor Jim Hart sagt: »Gary erzählte mir, er fühlte sich äußerst behaglich in der Rolle des alten Dracula, denn wenn man alt ist, hat man überlebt. So finster die Rolle auch sein mag, er hat eine Leidenschaft und Zärtlichkeit hineingebracht, die man in Dracula zuvor nicht gesehen hat. Mir bricht es fast das Herz, müssen Sie wissen.«

Mina packt den Griff des Messers und versucht, es heraus-
zuziehen. Seine Finger, fast schon Knochen, kriechen über
den Griff und hindern sie daran.

DRACULA
Es ist zu Ende.

Liebevoll blickt sie ihm in die Augen. Sie hält ihn in den
Armen, küßt ihn, glättet sein feuchtes, graues Haar.
Plötzlich spricht sie zärtlich mit ihm — in Rumänisch. Er
antwortet ihr.

MINA
Nein . . . Liebster —

Er schaudert, Blut fließt aus der Wunde in seinem Herzen.

DRACULA
Gib mir Frieden.

Blick auf die Stufen — Vogelperspektive/total
Die Kerzen entzünden sich von selbst. Der Schatten des
Kreuzes bewegt sich über den Boden, als Mina sich an
dem Platz auf den Stufen niederlegt, auf dem einst
Elizabeth lag.

Dracula erhebt seine Augen zu . . . Elizabeth.
Die Kamera beginnt, langsam auf die beiden herunter-
zufahren.
Mina erhebt sich wieder und küßt ihn. Die Kamera rückt
näher. Seine Jugend ist ihm wiedergegeben. Sie streichelt
ihn. Er legt ihre Hand auf das Messer. Minas Hände
umschließen das Messer. Sie zittert vor dem, was sie jetzt
tun muß. Sie schließt die Augen, bittet um Kraft, und läßt
sich mit ihrem ganzen Gewicht auf ihn fallen — treibt das
Messer durch sein Herz.

Großaufnahme — das Messer
Die stählerne Spitze bohrt sich in den Boden.

Halbnah
Mina hält Dracula in ihren Armen. Seine Augen brechen
— er ruht... friedvoll, als Mensch.

Blick auf das Kreuz
Das Mal, das Dracula hinterließ, heilt von selbst.

Halbnah auf Mina
In der Ruine ertönt ihr leises Weinen. Sie erhebt sich. Das
Mal auf ihrer Stirn ist verschwunden. Sie ist frei...

Halbtotale — die Tür der Kapelle
Es schneit. Harker öffnet die Tür und schaut herein. Er ist
außer sich vor Freude, als er sieht, daß Mina nichts passiert ist. Sie läuft zu ihm und umarmt ihn. Er hält sie fest,
versteht, was geschehen ist.

Der Blick fährt schräg hoch
zum höchsten Punkt des prächtigen Altars, während sie
die Kapelle verlassen.

[Kapelle — Innen — Sonnenuntergang]

Großaufnahme
Der Drachenbogen, der Name erleuchtet —

DRACULEA

[Schloßhof — Sonnenuntergang]

Der Kriegsheld ruht in Frieden.

[Große Halle – Sonnenuntergang]

Von oben auf Mina und Harker
die über das wiederhergestellte Kreuzmosaik schreiten.
Van Helsing, Seward und Holmwood, die Quinceys Leiche tragen, folgen ihnen.

Van Helsing spricht das Schlußwort:
›Wir brauchen keine Beweise. Wir verlangen von niemandem, daß er uns Glauben schenkt. Wir danken Gott, daß alles nicht vergebens war – der Fluch ist vorüber.‹
(Bram Stoker)

453

Columbia Pictures Presents
An Mamerican Zoetrope / Osiris Films Production
Columbia Pictures Presents
BRAM STOKER'S

A Francis Ford Coppola Film
Gary Oldmann as Dracula
Winona Ryder as Mina Harker
Anthony Hopkins as Abraham Van Helsing
Keanu Reeves as Jonathan Harker
Sadie Frost as Lucy Westenra
Richard E. Grant as Dr. Jack Seward
Cary Elwes as Arthur Holmwood
Bill Campbell as Quincey Morris
and Tom Waits as Renfield

Directed by Francis Ford Coppola
Screenplay by James V. Hart
Produced by Francis Ford Coppola, Fred Fuchs
and Cherles Mulvehill
Executive Producers Michael Apted and Robert O'Connor
Direktor of Photography Michael Ballhaus, A.S.C.
Production Designer Thomas Sanders
Edited by Nicholas C. Smith, Glenn Scantlebury
and Anne Goursaud, A.C.E.
Costumes Designed by Eiko Ishioka
Music by Wojciech Kilar
Visual Effects Roman Coppola
Casting by Victoria Thomas
Co-Producer James V. Hart
Associate Producer Susie Landau

NACHWORT

Dracula:

Der König der Vampire

von Leonard Wolf

1997 wird Graf Dracula, der 1897 von dem irischen
Schriftsteller Bram Stoker erfunden wurde, hundert Jahre
alt. Mit Francis Ford Coppolas Neuverfilmung der
Geschichte 1992 haben wir wieder einmal einen Beweis
für den unglaublichen Einfluß des listigen und finsteren
alten Vampirs auf unsere Fantasie.

In Amerika sind buchstäblich Hunderte von Produkten
unter Verwendung seines Namens oder seiner Geschichte
vermarktet worden: Schallplatten, Sweatshirts, Puzzels,
Halloweensüßigkeiten, Buttons, Möbel und Haaröl. Es
gibt sogar Getreideflocken für Kinder, Count Chocula, die
im Supermarkt die Sesame-Street-Anhänger verlocken.

Für kleine Kinder, die nicht genau wissen, was Dracula
so treibt, mag seine Anziehung einfach darin liegen, daß
er sich leicht in ein Cartoonbild für alles Finstere verwandeln läßt. Mach ihn groß und leichenblaß, zieh ihm einen
langen schwarzen, mit roter Seide gefütterten Mantel an
und laß ihn sagen: »Ich will dein Blut trinken«, und die
Kleinen spüren sowohl den Kitzel der Erkenntnis als auch
einen Bösewicht, der teils gruselig, teils komisch wirkt.

Für die Erwachsenen ist das Dracula-Phänomen jedoch
weitaus komplexer. Wir wollen wissen, woher er kommt
und warum er unsere Psyche so nachhaltig fesselt. Wir
wollen verstehen, wie eine Figur, die von ihrem Erfinder

456

als alter Mann mit herabhängendem weißen Schnurrbart, schlechtem Atem und Haaren auf den Handflächen beschrieben wurde, in einen kontinentalen Aristokraten verwandelt worden ist, der aus seinem Sarg steigt, um begehrenswerte Frauen zu verführen. Doch am allermeisten wollen wir wissen, warum er uns immer noch fasziniert.

Um dem Reiz Draculas auf die heutige Fantasie auf den Grund zu kommen, müssen wir einen kurzen Blick auf die literarische Tradition werfen, zu der Bram Stokers Roman gehört. *Dracula* ist ein spätviktorianisches Beispiel für die »Gothic novel«, den Gotischen Schauerroman, der im England des 18. Jahrhunderts seine Leser das Gruseln lehren sollte. Der typische Gotische Schauerroman handelte von einer schönen jungen Heldin aus gutem Hause und einem hochgewachsenen, finsteren Schurken, dessen Absichten absolut unehrenhaft waren. Das Genre wird »gotisch« genannt, weil die Heldin gewöhnlich durch

Max Schreck als Graf Orlok, an Bord der »Demeter« in Murnaus Film NOSFERATU, 1922.

Bela Lugosi in dem Universal-Film DRACULA, 1931.

düstere, unheimliche Orte wie verfallene Klöster, Schlösser, Burgen, Höhlen oder schaurige Mausoleen verfolgt wurde. Der typischste dieser Romane ist Ann Radcliffes *The Mysteries of Udolpho* (1794, *Die Geheimnisse von Udolpho*); der lebendigste ist immer noch Matthew Lewis' *The Monk* (1796, *Der Mönch*); der tiefgründigste dagegen ist Charles Maturins *Melmoth the Wanderer* (1820, *Melmoth der Wanderer*).

Erwähnenswert an der *Gothic fiction* ist die Tatsache, daß sie von Anfang an ein breites Spektrum erotischer Erlebnisse mit Furcht verknüpft. In den Gotischen Schauerromanen geht es um Themen wie Inzest, Perversion und sexuelle Gewalt, die in der übrigen Literatur entweder ganz fehlten oder mit angemessenem Abstand behandelt wurden. Ebenfalls von Anfang an waren die Schurken (und Schurkinnen) dieses Genres Angehörige der Adelsschicht oder sonstwie reiche oder mächtige Leute.

Wir haben einen solchen Schurken in der ersten Vampirgeschichte in Englisch. In seinem Roman *The Vampyre* von 1819 liefert uns John Polidori den Prototyp des Vampirs, wie er seitdem fast unverändert in Literatur und Film dargestellt worden ist. Polidoris Vampir ist ein Edelmann namens Lord Ruthven, der die Nemesis seines Freundes,

Cover-Illustration von
VARNEY THE VAMPIRE,
ein Fortsetzungsroman von
James Malcolm Rymer, 1847.

des jungen Aubrey, ist, des Helden der Geschichte. Ruthven, so erfahren wir, hat einen leichenblassen Teint, einen kalten Blick und ein niederträchtiges Herz, trotzdem übt er eine faszinierende Wirkung auf Frauen aus. Nachdem er bei einem Zusammenstoß mit Banditen stirbt, wird er zum Leben wiedererweckt, als der arglose Aubrey seinen Leichnam dem Licht des Vollmonds aussetzt, worauf sich der Vampir ungehindert wieder an seine tödliche Arbeit machen kann — und an die Zerstörung von Aubreys Schwester.

Sheridan LeFanus Erzählung *Carmilla* (1872) ist ein insgesamt beeindruckenderer Vampirroman, unter anderem deshalb, weil LeFanu, im Gegensatz zu Polidori, ein literarischer Könner ist, der eine subtile, wenn auch ruhige Prosa schreibt, deren Zivilisiertheit die Schauerlichkeit seines Romans besonders betont. Seine neunzehnjährige Erzählerin schildert ihr beinahe tödliches Erlebnis mit der schönen Vampirin Carmilla, die in ihrer verschiedenen Manifestationen als Gräfin Mercalla und Millarca eine steirische Provinz über hundert Jahre lang terrorisiert hat. *Carmilla* ist ein würdiger Vorgänger von Stokers *Dracula* in der Hinsicht, daß der Roman einen sorgfältigen Gebrauch von der Vampirfolklore macht und daß LeFanu mitten im Viktorianischen Zeitalter klar den Zusammenhang zwischen Erotik und dem Vampirthema sah. Er schreibt:

> Der Vampir neigt dazu, mit einer fesselnden Vehemenz, die der Leidenschaft der Liebe ähnlich ist, von bestimmten Personen fasziniert zu sein ... Er wird nicht eher ablassen, bis er seine Leidenschaft befriedigt und das letzte bißchen Leben aus dem Opfer herausgesaugt hat, das er begehrt.

»Die der Leidenschaft der Liebe ähnlich ist.« Das ist der eigentliche Kern der Sache. Stokers große Leistung ist, daß er eine Abenteuergeschichte geschaffen hat, deren Hauptmetapher — ein untotes Geschöpf, das das Blut attraktiver junger Frauen trinkt — vor erotischen Bedeutungen schimmert. Es ist der Blutaustausch und die ungewöhnliche Erotik, mit der Stoker ihn beschreibt, was *Dracula* zu einem so erstaunlichen Roman macht.

Frühe Kritiken des Buchs gingen kaum auf diesen Punkt ein, doch es dauerte nicht lange, bis die Filmindustrie die Botschaft begriff. In *Nosferatu*, F. W. Murnaus Stummfilmadaption von 1922, heißt der Vampir Graf Orlok. Gegen Ende jenes auch heute noch faszinierenden Films reißt die Heldin, Nina, ihr Schlafzimmerfenster auf und läßt den Vampir ein. Die folgende Kamera-

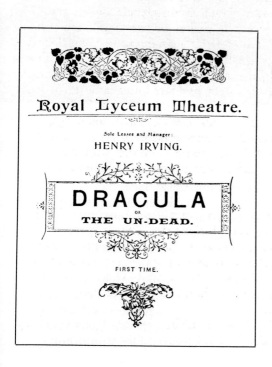

Christopher Lee spielt den Dracula in verschiedenen Hammer-Film-Adoptionen.

arbeit ist zwar auffallend unpräzise, läßt aber deutlich zwei Personen erkennen – von denen eine in einen Liebesakt vertieft ist und die andere ihn erduldet.

Seit *Nosferatu* ist die Erotik der Vampirmetaphorik immer wieder auf Kinoleinwänden aufgetaucht, da Filmemacher und Kinobesucher begriffen haben, daß die Blutszenen implizit auch Liebesszenen sind. Mehr als jeder frühere Film macht Coppolas *Dracula* diese Bedeutung deutlich. Der Blutaustausch hat auch alle – erlaubten oder verbotenen – Arten der körperlichen Liebe verkörpert, die der Mensch gefunden hat. »Der Vampirkuß erlaubt alle Vereinigungen: Männer und Frauen, Männer und Männer, Frauen und Frauen, Väter und Töchter, Mütter und Söhne. Überdies ist seine Liebe eine zwanglose Liebe, die die üblichen Mängel des Fleischs vermeidet.« (Aus *A Dream of Dracula*.)

Die allererste Aufführung von *Dracula* war eine einmalig veranstaltete Lesung im Lyceum Theatre in London, mit der Stoker lediglich die Theaterurheberrechte für sein Stück erwerben wollte. Die erste dramatisch lebensfähige Aufführung von *Dracula* als Theaterstück fand 1925 in England statt, in einer Version von Hamilton Deane. Sie schlug sofort gut ein, doch das Interesse der Öffentlichkeit am König der Vampire wurde eigentlich erst 1927 so richtig wach, als der amerikanische Verleger Horace Liveright John Balderstone überreden konnte, zusammen mit Deane eine überarbeitete Version des Theaterstücks zu schreiben. Die Deane/Balderstone-Version ist trotz all ihrer Schwächen die am häufigsten aufgeführte.

Es hat andere Theaterversionen von *Dracula* gegeben. Orson Welles dramatisierte ihn 1938 für eine Mercury-Theater-Radioproduktion. 1980 erschien Leon Katz' *Dracula: Sabbat* am Broadway, ein stark stilisiertes Stück, das fast nichts mehr mit Stokers Roman zu tun hat, und 1971 erwies sich Ted Tillers *Count Dracula* in Regional-Und Collegetheatern als erfolgreich. Doch es ist das Deane/Balderstone-Stück, das immer noch jeden Tag irgendwo aufgeführt wird.

Im Februar 1931 brachte Universal Studios seine Version von *Dracula* heraus. Der Film, bei dem Tod Browning Regie führte, basierte auf dem Theaterstück von Balderstone/Deane. Die Rolle des Grafen Dracula spielte Bela Lugosi. Inzwischen ist man sich ziemlich einig, daß der Browning-*Dracula* kein großer Film ist. Die Geschichte ist sprunghaft und wird durch possenhafte Intermezzos verunstaltet; dennoch hat der Film aus gutem Grund klassischen Status erlangt. Er hat einige der

unheimlichsten Gruselszenen, die je gedreht worden sind.
Er hat die verbindlich grimmige Fotografie von Karl
Freund. Er hat Edward Van Sloan in der Rolle des Dr.
Van Helsing und Dwight Frye als Renfield, der das
schrecklichste Lachen hat, das je im Film aufgenommen
wurde. Und wie man Lugosis Darstellung auch immer
charakterisieren mag — kalt, distanziert, überzogen —
vermittelt sie dennoch die Autorität des Bösen und seine
fatale Anziehungskraft. Sein Akzent und sein untadeliger
Frack haben seinen Dracula zu einer Inkarnation des
Bösen gemacht.

Die Zahl der Filme, die den Namen Dracula benutzen
oder das Dracula-Thema ausschlachten, geht inzwischen
in die Hunderte. Ich möchte an dieser Stelle ein paar
anführen, die ich für erwähnenswert halte (wenn auch
nicht unbedingt für großartig). Meiner Ansicht nach ist
die beste der Universal-Forsetzungen *Dracula's Daughter*
(1936, Draculas Tochter), mit Gloria Holden in der
Hauptrolle und wieder einmal Edward Van Sloan als Van
Helsing. Garrett Forts Drehbuch erzählt die tragische
Geschichte der Komtesse Dracula, die, nachdem sie den
Leichnam ihres Vaters den Flammen übergeben hat, mit
psychiatrischer Hilfe versucht, den Fluch des Vampirismus
loszuwerden. Doch das Blut ist stärker, und sie ist die
Tochter ihres Vaters. Als ihr Vampirismus wieder durch-
bricht, entführt sie die Verlobte ihres Psychiaters und
flieht mit ihr nach Transsilvanien, um den Psychiater, in
den sie sich verliebt hat, zu veranlassen, ihr zu folgen.
Dracula's Daughter ist beachtenswert wegen seines
Themas der Einsamkeit des Vampirs und wegen der
eindringlichen und mythischen Art und Weise, in der die
Geschichte erzählt wird.

Billy the Kid Versus Dracula (1965) erschien zu der
Zeit, als überzogene Charakter-Darstellungen in Mode
kamen. Niemand kann oder sollte den Film ernst
nehmen. Aber man sollte auch nicht den großartigen

Schauspieler John Carradine übersehen, der sich selbst und das Vampirgenre in diesem Film auf die Schippe nimmt. Dracula im Cowboyland, das ist für sich schon ein Witz.

Nach Lugosi und vor Gary Oldman in Coppolas *Dracula* von 1992 hat es nur noch zwei bedeutende Dracula-Interpreten im Kino gegeben: Christopher Lee in verschiedenen Hammer-Film-Ausschlachtungen der Figur (*Dracula*, 1958; *Blut für Dracula*, 1965, und andere) und Frank Langellas Darstellung in dem Universal-Film *Dracula* von 1979, bei dem John Badham Regie führte. Lees Charakterisierungen sind bemerkenswert wegen der Eigenschaft der gefährlichen Stille, die er dem König der Vampire verleiht, während Langella, der Draculas Erotik als selbstverständlich betrachtet, ihn so unglaublich gutaussehend, charmant und begehrenswert spielt, daß es schwer ist, sich vorzustellen, daß sich irgendeine Frau vor seiner Umarmung fürchtet. Gary Oldman, der jüngste Interpret, spielt die Rolle so, wie Stoker sie ursprünglich schuf: zuerst als alten Mann, der das uralte Böse zu ver-körpern scheint, und dann, als er sich durch das Blut seines Opfers stärkt, als smarten jungen Verführer.

Aber es ist mehr am Reiz der Dracula-Metapher als ihre versteckte oder offene Erotik. Die Geschichte — ja das Thema des Vampirismus selbst — beinhaltet eine reli-giöse Komponente. Die üblichen Ungeheuer aus Folklore oder Film sind natürlich gefährlich, aber der Vampir, der das Blut seines Opfers trinkt, stellt eine Bedrohung sowohl für den Körper als auch für die Seele dar. Dadurch nimmt der schon reizvolle Kampf zwischen den Guten und den Bösen die größere Bedeutung eines Kamp-fes zwischen den Kohorten Gottes und denen Satans an. Diese religöse Komponente gibt den Filmemachern auch eine willkommene Gelegenheit, ihre Fiktionen vor einem Hintergrund mysteriöser Rituale und majestätischem Pomp darzustellen.

Zum Schluß möchte ich auf einen dünnen, aber wichtigen Bedeutungsfaden in der Dracula-Geschichte aufmerksam machen. Van Helsing erzählt uns, daß der allgemeine Zweifel an der Existenz von Vampiren es schwer für uns macht, sie zu erkennen und so ihre Macht verstärkt. Die Wahrheit mag tiefer gehen und beunruhigender sein. Leser und Kinobesucher erkennen, daß Dracula gerade deshalb attraktiv ist, weil er die dunkle Seite unserer eigenen Natur verkörpert. Wir leben in einem Zeitalter, das Energie und Macht bewundert, und wir wissen mehr über erotische Fantasien, als gut für uns sein mag. Kein Wunder, wenn wir voll Furcht zu Dracula aufschauen, der für immer mit Energie geladen und von Macht erfüllt ist und der seine abscheulichen Fantasien realisiert. Kein Wunder, wenn wir froh sind, wenn er erledigt wird — in einem Film nach dem anderen, für immer.

Über die Autoren

Francis Ford Coppola

Der Autor, Regisseur und Produzent Francis Coppola, schloß vor kurzem *Godfather III (Der Pate — Teil III)* ab, das letzte Kapitel seiner Trilogie über die Corleone-Familie. Zu seinen anderen Verfilmungen gehören *Life Without Zoe*-Episode von *New York Stories (New Yorker Geschichten)*, *Tucker: The Man and His Dream (Tukker)*, *Gardens of Stone (Der steinerne Garten)*, *Peggy Sue Got Married (Peggy Sue hat geheiratet)*, *Cotton Club (Cotton Club)*, *Rumble Fish (Rumble Fish)*, *The Outsiders (Die Outsider — Rebellen ohne Grund)*, *One From the Heart (Einer mit Herz)*, *Apocalypse Now (Apocalypse Now)*, *The Conversation (Der Dialog)*, *The Rain People (Liebe niemals einen Fremden)* und *You're a Big Boy Now (Big Boy, jetzt wirst du ein Mann)*.

Coppola, Sohn des Komponisten Carmine Coppola, wurde in Detroit geboren und wuchs in New York auf. Er studierte Filmwissenschaft an der University of California, Los Angeles, und ging nach seinem Abschluß als Master of Fine Arts bei B-Film-Impresario Roger Chapman als Tontechniker, Dialogregisseur, Mitproduzent und Drehbuchautor in die Lehre, bevor er 1963 seinen ersten Spielfilm, *Dementia 13*, schrieb und drehte. Während der nächsten Jahre beschäftigte er sich mit Produktionsarbeit und Drehbuchzusammenarbeiten, während er bei seinen eigenen Drehbüchern für mehrere Filme Regie führte. Seine Arbeit an *Patton* mit Edmund H. North brachte ihm einen Oscar für die beste Drehbuchadaption ein.

1970 gründeten er und George Lucas American Zoetrope, dessen erste Produktion, THX-1138, mit Lucas als

Regisseur und Coppola als Produzenten. Coppola produzierte auch Lucas' *American Graffity* und ist Produktionsleiter bei mehreren bedeutenden Filmen gewesen, unter anderem *The Black Stallion*, Akira Kurosawas *Kagemusha* und Paul Schraders *Mishima*.

Zu Coppolas wichtigsten Filmen gehören *Apocalypse Now* (ausgezeichnet mit der Goldenen Palme in Cannes und zwei Akademy Awards) und die Pate-Trilogie, die zahlreiche Oskars bekommen hat, darunter auch Bester Film für *Der Pate*. Er ist Präsident von American Zoetrope, der in San Francisco ansässigen Produktionsfirma, die von seinem kreativen Geist erfüllt ist, und Besitzer der Niebaum-Coppola Estate Weinkellerei im Napa Valley, wo die Coppola-Familie lebt.

JAMES V. HART

Drehbuchautor und Coproduzent Jim Hart verbrachte 1991 viel Zeit auf Sony-Studios-Tonbühnen, als die spektakulären Bauten für sein erstes verfilmtes Drehbuch, *Hook*, errichtet und dann abgebrochen wurden, um Platz zu machen für die Produktion von *Bram Stoker's Dracula.* Hart, der heute in New York lebt, wurde in Shreveport, Louisiana, geboren und wuchs in Texas auf. Er studierte an der Southern Methodist University Finanz- und Volkswirtschaft und arbeitete an seinem Magister in Fernsehfilmkunst am SMU, als er begann, knapp kalkulierte »Autokino«-Filme zu produzieren, von denen der erste *Summer Run* war.

1970 fuhr Hart mit einem Freund und Kollegen in seinem VW-Bus von Fort Worth nach San Francisco in der Hoffnung, Francis Ford Coppola zu treffen. Nachdem sie den ganzen Tag im Zoetrope-Gebäude gewartet hatten, erschien der Regisseur endlich. Sein Rat an die jungen Texaner: dreht weitere Filme.

Hart begann Ende der 70er Jahre, ernsthaft zu schreiben und nahm 1977 seine erste *Dracula*-Adaption in Angriff. Er hielt trotz verschiedener Enttäuschungen durch, bis *Hook* und dann *Dracula* wahr wurden. Nachdem Harts Zukunft als Drehbuchautor jetzt gesichert ist, wendet er sein Augenmerk der Regieführung zu.

LEONARD WOLF

Leonard Wolf, der in Vulcan, Rumänien (in Transsilvanien), geboren wurde, ist Autor von *The Annotated Dracula* (neu aufgelegt als *The Essential Dream)* und *A Dream of Dracula*. Seine Arbeit im Horrorgenre ist zweimal mit dem Anne-Radcliff-Preis für Literatur ausgezeichnet worden. Wolf fungierte bei den Dreharbeiten als technischer Berater.

Wolf, der Gedichte, Kurzgeschichten und zwei Romane veröffentlicht hat, ist auch Jiddisch-Übersetzer und der designierte Biograph von Isaac Bashevis Singer, für Farrar, Straus und Giroux. Er lebt heute in New York City.

Weitere Literatur und Filme

Eine begrenzte Auswahl von Büchern über das Dracula-Phänomen, die zur Zeit verfügbar sind oder bei der Vorbereitung dieses Buchs benutzt wurden, sowie einige der erwähnenswerteren Filmadaptationen, die von Francis Ford Coppola, James Hart und Leonard Wolf empfohlen wurden.

BÜCHER

Coppola, Francis Ford, Ishioka Eiko und Seidner, David, herausgegeben von Susan Dworkin: *Coppola and Eiko on Bram Stoker's Dracula*. Collins San Francisco. San Francisco 1992.

Dean, Hamilton und Balderstone, John: Dracula: *The Vampire Play in Three Acts*. Samuel French, Inc. New York 1960.

Farson, Daniel: *The Man Who Wrote Dracula: A Biography of Bram Stoker*. St. Martin's Press. New York 1976.

Florescu, Radu R. und McNally, Raymond T.: *Dracula: Prince of Many Faces*. Little, Brown & Co. Boston 1989.

– *In Search of Dracula*. New York Graphic Society. Greenwich, Connecticut 1972.

Frayling, Christopher: *Vampyres: Lord Byron to Count Dracula*. Faber and Faber Limited. London 1991.

Ludlum, Harry: *A Biography of Dracula: The Life Story of Bram Stoker*. Foulsham. London 1962

Riley, Philip J., Hg.: *Dracula: The Original 1931 Shooting Script*. MagicImage Filmbooks. Atlantic City and Hollywood 1990.

Saberhagen, Fred und Hart, James V., basiert auf dem Drehbuch von James V. Hart *Bram Stoker's Dracula: The Novel of the Film Directed by Francis Ford Coppola*. Signet/Penguin USA, and Pan Books (UK). New York 1992.

Skal, David J.: *Hollywood Gothic: The Tangled Web of Dracula from Novel to Stage to Screen*. W. W. Norton & Co. New York 1990.

Stoker, Bram: *Dracula*. Der erste und beste Dracularoman der Weltliteratur. Bastei-Lübbe 13 449, Bergisch Gladbach 1993.

Stoker, BramStoker, Bram: *Dracula*. Constable & Co. London 1897. Neu aufgelegt in einer offiziellen an den Film gekoppelten Ausgabe von Signet/Penguin USA and Pan Books (UK), 1992.

Thomas, Roy, Hg., Mignola, Mike und Nyberg, John: *Bram Stoker's Dracula: The Official Comics Adaptation*. Topps Comics, Inc. Brooklyn, N. Y. 1992.

Wolf, Leonard: *A Dream of Dracula*. Little, Brown & Co. Boston 1972.

Wolf, Leonard, Hg.: *The Annotated Dracula, by Bram Stoker.* Clarkson N. Potter, Inc. New York 1975. Neu veröffentlicht mit neuem Material als *The Essential Dracula*. Plume Books/Penguin USA. New York 1993.

FILME

1922   *Nosferatu (Nosferatu)*. Regie: F. W. Murnau. Prana Films, Deutschland. Mit Max Schreck als Graf Orlock. Unautorisierter, frei adaptierter Klassiker des deutschen expressionistischen Kinos.

1931   *Dracula (Dracula)*. Regie: Tod Browning. Universal Pictures. Mit Bela Lugosi als Graf Dracula. Die bekannteste Version, Lugosis Filmdebüt in seiner Alter ego-Rolle, nachdem er Dracula auf der Bühne gespielt hatte.

1936   *Draculas Daughter (Dracula Tochter)*. Regie: Lampert Hillyer. Universal. Mit Gloria Holden als Komtesse Zaleska. Siehe Nachwort.

1943   *Son of Dracula (Draculas Sohn)*. Regie: Robert Siodmak. Universal. Mit Lon Chaney Jr., als Graf Alucard. Erste Vampirgeschichte, die in Amerika spielt.

1945   *House of Dracula.* Regie: Erle C. Kenton. Universal. Mit John Carradine als Graf Dracula. Carradines erster Auftritt als Dracula.

1958   *The Horror of Dracula (Dracula)*. Regie: Terence Fisher. Hammer Film, England. Mit Christopher Lee als Grad Dracula. Beste der verschiedenen Lee-Verkörperungen.

1965	*Billy The Kid vs. Dracula.* Regie: Terence Fisher. Hammer Film, England. Wieder mit Christopher Lee, siehe Nachwort.
1969	*The Fearless Vampire Killers (Tanz der Vampire).* Regie: Roman Polanski. Cadre-MGM: Mit Ferdy Mayne als Graf von Krolok. Wenig Ähnlichkeit mit der Dracula-Geschichte, aber eine herrliche Parodie auf das Genre.
1974	*Dracula.* Regie: Andy Warhol und Paul Morrissey. Carlo Ponty-Braunsberg Rassam Productions. Mit Udo Kier als Graf Dracula.
1979	*Nosferatu.* Regie: Werner Herzog. Filmproduktion/Beaumont, Deutschland. Mit Klaus Kinski als Graf Orlok. Herzogs Farbfilm-Remake des Murnau-Klassikers ist eine visuelle Glanzleistung.
1979	*Dracula.* Regie: John Badham. Mirisch Corporation for Universal Pictures. Mit Frank Langella als Dracula. Langella wiederholt seine sexy Bühnendarstellung in einer üppigen Filmproduktion.
1992	*Bram Stoker's Dracula.* Regie: Francis Ford Coppola. Columbia Pictures. Mit Gary Oldman als Fürst Vlad Dracula.

Wir bedanken uns für die Erlaubnis, urheberrechtlich geschütztes Material aus den folgenden Quellen zu drucken. Der Herausgeber hat sich bemüht, die Besitzer von Urheberrechten um Erlaubnis zu kontaktieren; eventuelle Irrtümer in der folgenden Aufführung werden in künftigen Auflagen korrigiert werden.

Absinthe: History in a Bottle von Barnaby Conrad III (Chronicle Books). Copyright © 1988 by Barnaby Conrad III

Academy of Motion Picture Arts and Sciences: Fotos von Christopher Lee in *Dracula Has Risen from the Grave,* © 1968 Warner Bros. Seven Arts, Inc., Copyright 1958 erneuert.

Foto aus dem Film *Beauty and the Beast*, Regie: Jean Cocteau.

The Book Sail, Orange, California und John McLaughlin: Seite aus Bram Stokers Arbeitsmanuskript für *Dracula*.

Ronald V. Borst/Hollywood Movie Posters: Fotos von Frank Langella, Bram Stoker, der Titelseite von *Varney The Vampire* und von Max Schreck in Nosferatu (1922).

Historisches Museum der Stadt Wien: Tragödie, gemalt von Gustav Klimt, © 1897, schwarze Kreise mit weiß und gold betont, 41,9 x 30,8.

Hollywood Gothic: The Tangled Web of Dracula from Novel to Stage to Screen von David J. Skal (W. W. Norton & Company). Copyright © 1990 by Visual Cortex Ltd. Für: *Nosferatu*-Poster von Albin Grau (Anthology Film Archives-Sammlung); 1916 *Dracula*-Buchhülle (Robert James Leake Collection); *The Vampire*, Gemälde

von Philip Burne-Jones, Deckblatt des Lyceum
Theatre-Programms und *Dracula's Guest*-Buchhülle
(Jeanne Youngson Collection)

In Search of Dracula von Radu R. Florescu und Raymond T. McNally. Neu aufgelegt mit Erlaubnis von Little,
Brown & Company. Copyright © 1972 by Raymond T.
McNally and Radu Florescu. Für: Karte von Transsilvanien und Walachei, Foto von Schloß Bran.

Foto aus *Iwan der Schreckliche, Teil 1* (1944), Regie: Ser-
gej Eisenstein.

Kunstmuseum Wien, Porträt von Vlad Tepes aus Schloß
Ambras, Österreich.

Bibliothek der Akadamie von Rumänien, Bukarest: Holzschnitt von Brasov.

Muse de Pontarlier, Frankreich: Anti-Absinth-Lithografie
von Stop.

Museo d'Arte Moderna, Ca Pesaro, Venedig: *Judith II*,
Gemälde von Gustav Klimt, © 1909, Öl auf Leinwand,
178 x 46.

Muzeum Adama Mickiewicza, Warschau: *Obsession*,
gemalt von Wojciech Weiss, © 1899−1900, Öl auf Leinwand, 100 x 185.

Narodni Galerie, Prag: *Resistance*: Das Schwarze Idol,
Aquatinta von Frantisek Kupka.

Staatsbibliothek Colmar, Deutschland: Holzschnitt von
einer Pfählungsszene.

Martha Swope-Fotografie: Foto von Frank Langella in der Bühnenwiederaufnahme von *Dracula* 1977.

Leonard Wolf: Zeichnungen von Satty aus *The Annotated Dracula*.

Alle Fotos aus dem Film von Ralph Nelson, mit den folgenden Ausnahmen: Seite 103 und 160 von Fabian Cevallos Seite 419 und 428 von Steve Schapiro.

Für ihren besonderen Beitrag bedanken wir uns bei: American Zoetrope, Anahid Nazarian, der uns zu Quellen führte, uns Material auslieh und wichtige Informationen auf unzählige Anfragen lieferte; Susie Landau und Fred Fuchs, die die Entwicklung dieses Buchs überprüften und überwachten; Kim Aubry, Roman Coppola, Mara Hamilton, Nick Smith und Steve Weisman. Bei Columbia Pictures und Sony Studios Katherine Orloff, die in allen Phasen ein kritisches Glied war und deren Nachforschungen als Schlüsselquellenmaterial dienten; Bradley Blasdel, der uns bereitwillig half, das Requisitenlager zu durchstöbern; Helen La Varre und Boyd Peterson für ihre Hilfe bei Fotos; sowie Lester Borden, Diane Burstein, Susan Christison, Sidney Ganis, Mark Mill, Marcy Granata, Diane Salerno und Randy Smith für ihre unschätzbare Marketinghilfe und ihre kreative Unterstützung.

Wir bedanken uns auch bei der Belegschaft der Walking Stick Press und Newmarket Press für ihre unermüdlichen Bemühungen um eine exzellente Arbeit trotz terminlicher Probleme, Susan Dworkin für ihre Nachforschungen über Kostüme, Jeff Werner und Docula Productions, Davia Nelson, Judy Mason, Catherine Quittner, Pam Earing, Greg Miller und Damien Nino.

Unser besonderer Dank gilt James V. Hart für sein episches Drehbuch, sein Engagement, den wahren Dracula auf die Leinwand zu bringen und seine Notizen über das Erlebnis, die hier erscheinen; Leonard Wolf für sein aufschlußreiches Nachwort und all seine anregenden Werke über das Vampirthema; den Produzenten Francis Ford Coppola, Fred Fuchs und Charles Mulvehill für ihre großartige Leistung bei der Produktion von *Bram Stoker's Dracula* und ihre Unterstützung bei unserem Buch darüber; und vor allem Francis Coppola für den Beitrag seiner persönlichen Geschichte als Dracula-Fan und seine faszinierenden Kommentare zur Entstehung dieses ungewöhnlichen Films.

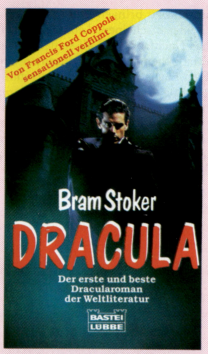

DRACULA

Bram Stoker hat in diesem großen Roman Tod und Erotik auf faszinierende Art zusammengeführt. Sein 1897 erschienener „Dracula" gehört heute zur Weltliteratur. In dieser Ausgabe, einer ganz neu erstellten und originalgetreuen Übersetzung, wird erfahrbar, auf welche unterschiedliche Weise sich dieses packende Epos lesen läßt: als ›gothic novel‹ und Horrorroman, als viktorianisches Zeitgemälde, als vor Einfällen übersprudelnder Abenteuerroman – und nicht zuletzt als die grandiose Phantasie eines Menschen, der die Macht der Triebe zu fürchten gelernt hat.

DAS BESTE VON DRACULA

Seit nunmehr über einhundert Jahren saugt der Fürst
der Finsternis den Menschen das Blut aus den Adern. Wir
garantieren: Die Leser dieses Bandes kommen mit
dem Schrecken davon. Der aber ist beträchtlich. Denn
das Verzeichnis der Autoren, die sich für diesen
Erzählband zu brandneuen Dracula-Geschichten
inspirieren ließen, mutet wie ein Who's who der modernen
Horrorliteratur an: Dan Simmons, Philip José
Farmer, Edward Hoch, Janet Asimov, Dick Lochte und –
natürlich – die Königin des zeitgenössischen
Vampirromans: Anne Rice.

Band 13 397 / DM 10,–

DAS BESTE VON FRANKENSTEIN

Mit ihrem Roman ›Frankenstein‹ hat die englische
Autorin Mary Shelley einen Mythos begründet, der bis
heute nichts von seiner Faszination eingebüßt hat.
›Das Beste von Frankenstein‹ ist ein einmaliger
Erzählband mit brandneuen Geschichten berühmter
Autoren. Ein geistreiches Gruselfest!

Band 13 443 / DM 10,–

DAS BESTE VOM WERWOLF

Von Mel Gildens Erzählung über eine Kleinstadt,
die ins Werwolf-Fieber gerät, über Nancy Collins
faszinierende Geschichte eines Jungen, der nicht ahnt,
daß der Werwolf schon Besitz von ihm ergriffen hat,
bis hin zu Stuart Kaminskys atemberaubend rasanter
Darstellung werwölfischen Treibens in Moskau – die
zwanzig Autoren dieses Buches beweisen, daß die
klassische Legende vom Werwolf nach wie vor zu den
besten Horrorstories inspiriert.

Band 13 484 / DM 10,– (Okt. 1993)

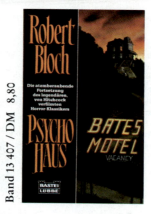

PSYCHO-HAUS

Robert Bloch hat mit ›Psycho‹ einen Roman geschaffen, der nicht nur durch Hitchcocks meisterhafte Verfilmung ein Meisterstück der Horrorliteratur wurde. Jetzt legt Bloch die Fortsetzung vor – Norman Bates ist zwar tot, aber sein Geist lebt weiter. Das Motel wird eine Touristenattraktion, aber kurz vor der Eröffnung wird ein Kind brutal ermordet . . .

DR. JEKYLLS ERBE

Die junge Journalistin Hesters Lane erfährt durch Zufall, daß sie Anspruch auf das Erbe des berühmt-berüchtigten Dr. Jekyll anmelden kann. Sie verläßt ihre kanadische Heimat und taucht ein in das London des späten 19. Jahrhunderts; und gleich überstürzen sich die Ereignisse. Jekylls früherer Butler wird umgebracht, und Mr. Hyde ist aus seinem Grab verschwunden.

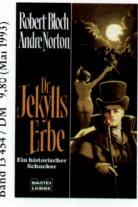